www.ingramcontent.com/pod-product-compliance
Lightning Source LLC
LaVergne TN
LVHW050602160826
845677LV00011B/2435

نحن الذين

نريد

أن نكون

«لا تستسلم»

كتاب	:	نحن الذين نريد أن نكون لا تستسلم
اسم المؤلف	:	جهاد عثمان
نوع العمل	:	قصص وخواطر
عدد الصفحات	:	126 صفحة
غلاف	:	هبة إبراهيم
تدقيق	:	قمر الخطيب
إخراج فني	:	مريم محمد سيد
رقم إيداع	:	2024/27415
ترقيم دولي I.S.B.N	:	9782069934939

نبض القمة للترجمة

جمهورية مصر العربية ـ القاهرة

مدير الدار: أ/ وليد عاطف حسني

موبايل: **01116058384**

الميل: nabdalqima@gmail.com

نحن الذين نريد
أن نكون
لا تستسلم

جهاد عثمان

نحن الذين نريد أن نكون

First edition. August 22, 2024.

Written by جهاد عثمان.

"يجب علينا أن ننهض لنقاتل جحافل اليأس التي غَزت أرض أحلامنا. وكيف لمن لا يُقاتلون أو يسعون من أجل أحلامهم أن ينجحوا؟"

الإهداء

" إلى الذِين يُحاولون أن يَنسجوا بخيوط الأمل بيوتًا من الأحلام"

«إلى تنزيل علي موسى، متمنية لها الشفاء العاجل»

"كالنبات، أحلامنا بحاجة لأن تُسقى وأن تَرَّى نور الشمس".

جهاد عثمان

عن الكتاب

الحياة ليست كما تبدو!

وبعد أن جنّ جنون هذا العالم، وازدادت كمية الكوارث الطبيعية التي ضربت ظهر هذه الأرض، وتنوعت الصراعات، النزاعات، الحروب، وتفشت الأمراض التي لا حصر لها ومع انعدام الأمن والأمان، أثر هذا التغيير على البشر، فالخسائر البشرية، والمادية، تدعو لليأس، انهيار الاقتصاد، وعدم توفر الوظائف، والأحلام التي تجلس خلف الأبواب في انتظار أن تتحسن الأوضاع وتتوفر الإمكانيات والوضع يزداد سوء، ويدعو لليأس!

حتى أن ذلك أثر في نفسية الكاتب، فالكل يكتب عن السوداوية والتشاؤمية وحروفهم تصرخ في صمت عما يعيشونه ويشعرون به. قررت أن أبعث ببعض من نسيم الأمل عساه يتغلل في صحراء روحهم، ويهدأ هذا القلق في دواخلهم ويشعرهم بالراحة والتفاؤل.

قررت أن تكون كلماتي موجزة ومبسطة عمدًا، وركزت على التفاصيل الأساسية التي تدفع المرء للبحث عن حياة أفضل مفعمة بالأمل، كما خاطبت في رسائل خفيفة الظل الفئات التي نعتبرها أضلاع النجاح الثلاثة وهي: الأسرة، المعلمين والمعلمات، والمجتمع، وركزت على فئة الشباب لأنها الأكثر طاقة وحيوية، كما استشهدت في نهاية الكتاب بقصص تمثل وتحث على السعي والعزم، الاجتهاد والمثابرة، التفاؤل والأمل، وأتمنى أن نغدو ونقتدي بمثل هؤلاء الأشخاص.

(لا تقرأ كتاب عن تنمية الذات مالم تعثر أولاً بداخلك عن ذاتك).

المؤلفة

الفصل الأول
(زاد النجاح)

منذ سنوات خلت، وصلتني رسالة نصية من إحدى صديقاتي تدعوني فيها للحضور إلى أحد المطاعم الراقية بولاية الخرطوم، ومشاركتها وجبة الغداء احتفالاً بمناقشتها رسالة الماجستير في إدارة الأعمال، كنت مترددة في المشاركة ولم أهتم لأمر الذهاب.

ومع اقتراب الموعد، اتصلت بي أكثر من مرة حتى وافقت على الذهاب وبصحبتي إحدى رفيقاتي في السكن.

الساعة ٤:١٥ يوم الخميس، كان الطقس شديد الحرارة، والمواصلات العامة لم تكن متوفرة، انتظرنا كثيرًا بجانب الطريق حتى أتت (حافلة) بطيئة ومثقلة بالركاب، تحمل بين طياتها زمرة من الطلاب المتعبون من عناء المحاضرات، والموظفون الذين يتعرقون تذمرًا من الأجواء، وبعض من عمال السوق المتجولون، بجيوب خاوية وقلوب منكسرة، المعاناة استقرت على وجوههم السمراء حتى اصبحت تميل إلى السواد، مرسومة على أعينهم غيمات من الألم تأبى أن تهطل، فالرجل في بلادي قوي مهما اشتدت عليه الصعاب وضيقت عليه الأقدار الخناق، لا يبكيه العدم ولا يهزمه الفقر، لكنني أشعر بهم، اسمع صوت شكواهم، يشكون في صمت مطبق من ضعف المرتبات وسوء الحال الذي يعيشونه، حتى هذه الحافلة التي نستقلها تشاركنا كأس المعاناة، تشكو من طول استخدامها تُصدر صوت أنين كمن داهمته حمى وآلام حادة، مقاعدها ناقصة لكنها مكتملة بصناديق نقل زجاجات المشروبات الغازية، نوافذها استثنائية لا حاجة لتحريك الزجاج ليدخل الهواء؛ فهو يسقط من مكانه مع مطبات الطريق، وعليها ستائر سوداء

اللون ممتلئة بالأتربة، وكأنها تخبرك القادم أسوأ، ويبدو أن السائق مولع بأغاني الحقيبة فالموسيقا التي يستمع إليها من ذلك النوع، وفي مقدمة الحافلة يوجد رقم هاتفه لمن أراد أن يذهب في رحلة أو مشوار أسري _ كان لابد له أن يكتب أسفل الرقم لمن أراد أن يخاطر بحياته ويعشق التحدي الاتصال بي_ رغم ذلك الجميع بخير، جلست أنا وصديقتي وكالعادة أحبّ أن أجلس قرب النافذة لأرى المارة، المباني، النيل، وجزيرة توتي التي عندما انظر إليها يَخضر عالمي المُصفر.

وصلنا إلى المكان المنشود واخرجت هاتفي اتصلت بصديقتي (سارة) التي أتت واستقبلتنا بحفاوة، كان المطعم بداخل منتزه، الدخول إليه بتذاكر؛ ولكن لم ندفع ثمنها، يبدو أن صديقتي (سارة) تعرف الجميع هنا! فهي عند دخلونا خاطبت حارس البوابة أننا معها فابتسم ورد قائلاً:

_تفضلوا مرحبًا بكم.

دخلنا إلى المطعم، ولم أرى في حياتي مكان مثله، الباب من زجاج أبيض لامع لا يشبه زجاج نافذة غرفتي في المنزل، ولا زجاج مطعم الجامعة المطلي ببصمات الأصابع، يبدو أنه صنع خصيصًا ليناسب هذا المكان، دخلنا ومن الخطوة الأولى شممت رائحة عطر لا مثيل له، فريد من نوعه يتغلغل في الروح، كان معطرًا مجهزًا بأفخم أنواع الأثاث والديكور والزينة، طاولات الطعام مرتبة تحتوي على الزهور، المناديل، والإضاءة مميزة المصابيح الكهربائية هنا لا تشبه مصباحي الوحيد في غرفتي متصدعة الجدران، لونه خافت ومليء بالغبار وما أن أقوم بتشغيله يجتمع حوله أسراب من الحشرات؛ فيؤثر ذلك سلبًا على انبثاث الضوء . قاطع تأملي هذا وأنا مشدوهة صوت(سارة) حينما قالت:

_ ماذا بك؟

ومن فرط الدهشة قلت لها وأنا ابتلع ريقي الجاف:

_لا شيء،(أعتقد أنني وضعت(باب) مفتاح غرفتي بداخل (ملابس) خزانتي ثم أغلقت القفل من الخارج!).

ردت قائلة:

_ماذا؟ هل أنت بخير؟

وفي تلك اللحظة قامت حنان بدفعي من كتفي وتنبيهي على التركيز في حديثي وأن أطبق فمي المتراخي فكه، لأعود من جنوني فالمنظر هناك يقلب الحياة رأسًا على عقب.

قالت سارة:

_ دعيني أعرفك على صديقاتي وقريباتي، بادرتهن التحايا، وجلسنا أنا وصديقتي (حنان)التي كانت ترمقني بنظرات الذهول والدهشة وكأنها تخبرني، ليتنا ارتدينا ملابس أنيقة، أو ليتنا لم نأتي من واقع طعامنا الذي يشوبه طبق الفول وسندوتش الطعمية إلى هذه الحياة الفارهة، التي يزين طاولتها قائمة من الأطعمة المكتوبة بالإنجليزية، تحتوي على قائمة من أسماء المأكولات الغربية (نباتية، بحرية) التي لم استطع أن انطق أحرفها، كُنت اتصفح القائمة وابحث عن صورة تشبه أكلي المعتاد الذي أتناوله ولم أجد!.

لا شيء يلمع في طعامي المعتاد؛ سوى زيت السمسم، هنا كل شيء يلمع حتى سجاد الأرضية، حتى السقف والجدران.

تجاذبنا أطراف الحديث، ويبدو أن صديقات (سارة)

من الطبقة البرجوازية، هواتفهن لامعة كبيرة الحجم، ومفاتيح سياراتهن بقربها، ملابسهن باهظة الزمن، يلتقطن الصور مع

ابتسامات ذهبية وخصلات شعرهن تعكس لون بشرتهن البيضاء الندية، ذوات عيون زرقاء متلألئة، يتحدثن بلغات مختلفة، أحاول أن اندمج واتابع بصمت وأرد عليهن ببعض من الكلمات الإنجليزية التي تعلمتها من المدرسة وترجمة الأفلام، وربما أكون مخطئة في نطق الكلمة إذ أنني لا أتحدث الانجليزية بطلاقة.

بعد مرور ربع ساعة من جلوسنا يأتي عدد من الموظفين، أحدهم يجلب ماء والثاني كؤوس والثالث يبتسم ويسأل ماذا قررنا أن نأكل؟

ردت جميع الحاضرات باللغة الإنجليزية ما عدا أنا! حتى صديقتي حنان طلبت مثلهن ولا أدري أهي خطفت الكلمة من أفواههن، أم تعلم ما تطلبه حقًا.

_ كان عليّ أن آخذ دروس مادة اللغة الإنجليزية على محمل الجد سابقًا.

بعد تحملقي في القائمة لدقائق.

أخيرًا اكتفيت بطلب السلطة وبعض من البطاطس المغطاة بالكاتشب؛ هذا لكي أُسهل عملية الأكل دون أدوات، فأنا لا أجيد تقطيع الطعام باستخدام السكين، ولا انتشاله من الطبق بشوكة.

بعد الأكل والتحلية وشرب العصير الذي تمنيت أن يدوم طعمه لسنين بفمي، جلسنا خارج المطعم نتأمل النيل ومن حوله الطرق الرئيسية المؤدية لمحليات الخرطوم، المنظر من هناك جميل حقًا وكنت اسأل نفسي هل كان يجب عليّ أن أدفع؛ لأرى جمال موطني؟

فالمنظر من هنا في غاية الحسن والروعة.

"لدينا متسع من الفراغ نقضيه في ملاحقة الأشياء التي تزين إطلالتنا وسحر ظهورنا، ولكننا لم نهتم مطلقًا بتلك الأشياء التي تُسر ناظرنا وتنير عقولنا وتمنح قلوبنا الأمن والسلام والحب".

كنت أتأمل النيل وجماله، أسراب من الطيور تحلق مغردة ومتراقصة، السماء تبتسم وهي تمعن النظر على مرآة النيل، النسيم يداعب أوراق الأشجار، حركة السيارات المسرعة، والمراكب المصطفة تحت الكوبري، المارة الذين يتنزهون والصيادون الذين يرمون بشباكهم.

ومن الجانب الآخر بائعات الشاي، وأطفال يصدرون لحن ناعم بلعبهم يهتفون طالبين الرزق، (أورنيش أورنيش)، ثمار المانجا الخضراء التي سال من أجلها لعابي، وأنا أنظر إليها من الأعلى، كم وددت لو قفزت من هنا، لا أنتمي لهذا المكان ولا للطعام الذي يحتويه وحتى لا أدري ما هو وما هي مكوناته، رجعت خطوات إلى الوراء لأنتمي إلى صديقاتي اللائي يتحدثن بصوت عالي، لفت انتباهي لافتة كبيرة في بداية الكوبري تحتوي على إعلان تجاري، أنها المرة الأولى التي أرى وجهي في مرآة كبيرة، هي الأحلام أخذتني هناك، لوهلة رأيت اسمي بدلًا عن الإعلان التجاري، أسرفت في التأمل اغمضت عيناي لبرهة وإحدى أحلامي؛ أن يتصدر نجاحي أخبار اليوم، وتلك اللافتات التي بها إعلانات الشركات الضخمة التي على جانبي الطرق أن اقرأ فيها اسمي يومًا ما.

استيقظت من النوم حين دقت ساعة الوداع، قالت حنان:

_تأخر الوقت دعينا نذهب.

ما زالت حنان تزعجني في الغرفة السكنية، في الكلية وداخل أحلامي! قطعت تفكيري وعدت لواقعي عازمة على أن أحقق شيئًا، ودعت الجميع على أمل اللقاء مرة ثانية.

وفي طريقنا للعودة كانت حنان تَسألني أسئلة كلها تعجب:

_ كيف تصبح مثلهن؟ وتلك السيارات هل هي هدايا من أسرتهن أم عمل شخصي؟

لم أخض في الحديث معهن؛ لكي أسألهن خشية أن يحسبن أنني أحسدهن وإلا كنت سأرد عليها. لكنني بادرت بسؤال:

_ما هي أحد أعظم أحلامك ؟

قالت:

_ امتلاك سيارة.

قلت لها:

_ بلا وظيفة ولا بيت ولا زوج؟

قالت:

_ نعم إذا حصلت عليها لا أريد شيئًا آخر.

فضحكت

وقلت لها:

_ربما تملكينها ويتم سرقتها أو تحترق ويحترق حلمك معها.

قالت:

_سأشتري غيرها

قلت:

_إذًا لابد لك من وظيفة.

اليوم صديقتي تلك تمتلك كل الأشياء، البيت، الزوج، والوظيفة ما عدا السيارة! وتعيش في قمة السعادة والرضا.

لماذا لم تسعَ و تحقق هذا الحلم؟ لأنها لم تكن متأكدة مما تريده حينها، فقط انبهرت بما يمتلكه غيرها وتمنته لنفسها.

هي مجرد أحلام عابرة ليست حقيقة، وكأنها مشاهد من الحياة يتوقف العقل؛ ليتأملها ويبدأ التفكير، كيف سأحصل عليها؟ إن كان حقيقة سيستمر السعي من أجل الوصول.

تقودني هذه القصة لكي أتذكر يوم آخر حينما سألت صديقتي قبل أشهر تُدعى (شهد)

_من هي شهد؟

في حوار خاص أجابتني:

_إنسانة عادية بأحلام غير عادية.

ومن القصة وحسن الرد هذا، حلقت فوق رأسي أسراب من الأسئلة التي تلسع فروة رأسي!

_من أنا؟

_ماذا أريد؟

_من أنتم؟

_ماذا تريدون؟

لابد لنا من الإجابة، كيف نجدها؟ بالبحث.

نعم بالبحث عن تلك الكومة الممتلئة بخيوط من الأمل، المتشابكة بأصابع الأحلام، ورغم صعوبة الدخول إليها، لابد لنا من ترتيب هذه الفوضى؛ حتى نحصل على شمعة النور من هذا الضباب والعتمة.

منذ نعومة أظافرنا، نسمع عن الأحلام على أفواه أولياء أمورنا، يهمسون لنا بأنهم يريدون منّا أن نصبح أطباء،

مهندسون، ومحاسبون، وغيرها من الأحلام التي عاشوها هم أو يعجبهم من يعيشها من أبناء جيلهم، وعندما نصل مرحلة السابعة من تصبح أحلامنا وليدة ما نراه على شاشة التلفاز، من الرسوم المتحركة؛ فيخّيل إلينا أننا نريد أن نكون بطل المسلسل على قناة الأطفال؛ حتى أننا نشتري نفس الألعاب ونقلدهم في حركات القتال والتحدث.

وبعد مزيد من السنين ومزيد من خسارة رصيد العمر، تنمو براعم الأحلام على أرض قلوبنا اليافعة، أحلام مختلفة، لا حصر لها، موفقين هم من أكملوا الطريق، رغم العثرات والعقبات انتصروا بوصولهم، الدور يأتي على البقية التي ما زالت تجلس فوق صخرة اليأس على أمل أن تتدحرج بهم الصخرة نحو الأرض؛ إن لم يستطيعوا الوصول إلى قمة جبل النجاح.

لابد لكم من مواصلة السعي، الدفع والمضي قدمًا؛ بإذن الله هناك مكان يتسع لأجلكم لأجل تألقكم.

ومن خلال أسطري هذه أريد أن أوضح الجوانب التي يجب النظر إليها بشكل عام في رحلة السعي نحو تحقيق الأحلام والوصول للأهداف، تلك الجوانب التي لابد للإنسان أن ينظر إليها ويعمل بها لتحقيق أهدافه السامية، وأحلامه النبيلة مع توضيح بعض النقاط التي يجب مراعاتها من الأسرة والمجتمع، من أجل تهيئة البيئة المناسبة لأجيال المستقبل.

(١)

الأمل

(الله هو المُجيبُ)

هو الذي يجيب دعوة الداعين وسؤال السائلين على ما يقتضيه علمه وحكمه، وهو الذي يبسط الرزق لمن يشاء وكيف يشاء بسؤال وغير سؤال.

لما اشتد القتال في غزوة أحد ومات سبعون من المؤمنين، وأصابهم ما أصابهم من جروح، نهاهم الله تعالى عن الحزن والخوف والوهن وحثهم على الأمل وأن يصبروا ويثبتوا قال تعالى: (وَلَا تَهِنُوا وَلَا تَحْزَنُوا وَأَنتُمُ الْأَعْلَوْنَ إِن كُنتُم مُّؤْمِنِينَ).

لابد للمؤمن أن يوكل أمره كله لله، وألا يخاف ولا يتردد ولا يتراجع، فمن الله يأتِ النصر بعد الفشل، والفرج بعد الضيق.

الأمل هو الرجاء وإحدى مكونات الأمل هي قوة الإرادة، وإذا أردنا شيئًا علينا أن نطلبه بالدعاء أولاً، وكلنا أمل أن يستجيب الله لما نريده، والسعي على توظيف الوقت والطاقة الإيجابية؛ من أجل تحقيق هذا الأمل المنتظر ولن يخيب الله عبدًا استغاث به.

عليك أن تؤمن بقدراتك وأن تُصحح مسار رغباتك، وأن تبتعد عن كل ما يمنحك الشعور بالسلبية والإحباط، وألا تتعب من كثرة الانتظار وألا تقنط من رحمة الله بك.

القارب الذي يبحر بك في بحر الحياة؛ قد تواجهه كثير من العقبات والعثرات، الطريق طويل، والمد متسع، وأمواج التشاؤم والهزيمة قد تصفع قفا أحلامك، لكن يجب عليك أن تستمر في التجديف وألا تفلت أشرعة الأمل من بين يديك، فإن فعلت ذلك ستجد نفسك غريقًا داخل أعماق الفشل، ولن تنجو إذا حاولت أن

تسبح وأنت في الوسط، فالأشخاص الذين لم يمدوا لك أيديهم وأنت على الشاطئ؛ لن يمدوها لك وأنت تغرق، فلا أحد سيعرض حياته للخطر؛ من أن أجل أن ينجيك من هذه المتاهة ويجازف من أجلك، تحلى بالقوة والشجاعة واستمر في فعل الأشياء الجيدة، حتى وإن كانت صغيرة، ستنمو ستزدهر، وسيملأ عطرها أرجاء عالمك وعالم من حولك، كن أنت القدوة لنفسك، لجيلك، لمن يريدون أن يخطوا على نهج خطواتك.

كنت أتحدث مع زميلة قبل أيام، طلبت مني خدمة صغيرة، ورحبت بها بلا تردد، وقبل أن تنتهي المكالمة الهاتفية بيننا، ختمت قولها لي:

(لن أوصيك يا جهاد أنتِ أملي الوحيد في هذا الأمر)

فتعجبت من قولها، فقلت لها:

(وإن مُت اليوم أنت إذًا بلا أمل)

الأمل في رب السموات والأرض، ولن يخيب ظنك حين تظن الخير بنفسك وبالناس، نحن البشر أدوات مساعدة ليس إلا، كأن ندعو الله لك بالتوفيق، أو أن نساعدك في أمر أنتَ في حيرة منه، لن نستطيع أن نكون الأمل لشخص آخر ونحن الباحثون عنه.

لا تخبر أحدًا أنه أملك الوحيد في هذه الحياة، لن تدري متى يتخلى عنك، أنهم يجيدون الإفلات في عز المعركة التي ستواجه جحافلها وحدك، وعليك أن تستمر في القتال من أجل نفسك كقائد للمعركة، مدجج بأسلحتك الخاصة، فقط حدد مسارك، اطلق العنان لعقلك، ثم دع خطواتك تركض نحو هدفك.

أفكارك الإيجابية الواقعية وإيمانك بنفسك، واليقين التام بأنك ستنتصر هي من مقومات نجاحك، حارب اليأس، الكسل، وتحدى التردد الذي بداخلك والخوف، اقفز للجانب الآخر؛ لترى النور فمرارة الكفاح ستزول بفرحة الوصول، وعندما تكون هناك ترتع بين حقولك الخضراء التي زرعتها ورعيتها، سيطمئن قلبك، وستهدأ روحك، سيزول كل ألم مررت به، وكل شوكة طعنت باطن قدم أحلامك وأنت تسعى، سينكسر رأسها وتركع لك أغصان الورود محتفلة معك، وستنتشي أوراق الشجر الخضراء بالمطر الذي هطل من بين أصابعك المعطاءة السحب، سيكون العالم أخضر، سيكون الليل أجمل، وسترقص فرحاً تحت ضوء القمر، وستخبره أن الوصول للقمة لا يحتاج سفينة فضائية مادام الذي بداخلنا يخترق جدار الكون ويحرق معه كل أمر بائسٍ ويؤوس.

الأمل سبب الحياة، فأنا وأنت نحيا على أمل، أن نتعافى، أن ننجح، أن نلتقي والكثير من الآمال التي تحتاج منّا فقط فتح نافذة لها؛ لتحلق مغردة بالدعاء، والرجاء من الله بأن تكون.

(٢)

من نحن وماذا نريد؟

(الله هو الملِكُ)

الذي له الأمر والنهي وهو المتصرف في خلقه بأمره وفعله، وهو الذي له القدرة المطلقة على تصريف أمور عباده كما يحب ويرضى.

نحن البشر، وتمت تسميتنا بشر والبشرة هي ظاهر الجلد، بخلاف بقية المخلوقات التي يعلو جلدها الشعر والوبر، وتم تمييزنا بميزة العقل التي تساعدنا على الإدراك والاستنباط بين الأشياء.

ولا حول لنا ولا قوة إلا بالله، هو وحده المدبر لكل أمر يشغل بالنا والمسطر أقدارنا كما يحب ويرضى.

نحن الكائنات الحية الظاهرة، التي تتحدث، تأكل، تشرب، وتنام وتستيقظ.

ولكن ماذا نريد؟ يجب علينا أن نبحث عن الإجابة قبل أن نبدأ في أي خطوة للطريق الذي نسلكه، فنحن مميزون، حظينا بالعلم ولكن هل عملنا به؟ أم كانت مواد مدرسية وجامعية حفظناها؛ لكي ننجح في الامتحان الدراسي؟

حياتك المليئة بالفوضى، رغباتك المبعثرة، وطموحاتك المحطمة التي تؤرقك، اجلس مع نفسك خذ ورقة وقلم، أكتب الآتي:

_ من أنا؟

أنا (أحمد، فاطمة)

_ ما الشيء الذي أجيده؟

أحمد: أجيد لعب كرة السلة والسباحة

فاطمة: أجيد العزف على البيانو والرسم

_ هل هذه هوايات أم مهن؟ الإجابة هنا تحتاج للتركيز والتمحيص، وهي مرحلة التمييز بين المهنة والهواية، فربما تكون هواية أحمد الرسم، ولكنه يرغب في أن يصبح مهندس معماري، وكذلك فاطمة ربما تكون هوايتها العزف، ولكنها ترغب في دراسة إدارة الأعمال_ ليس بالضرورة أن نمتهن الهوايات_ إن لم تكن تلك هي أهدافنا وأحلامنا الحقيقية نحو النجاح، لنركز الآن فقط على ماذا نريد أن نصبح غدًا؟ فلو أردت أن تغوص في عمق البحر، لن تكون سمكة ستكون الطالب الذي درس علم البحار وأصبح غواصًا ماهرًا، ولو أردت أن تحلق عاليًا في السماء، لن تكون طائرًا ستكون الطالب الذي درس علوم الطيران وأصبح طيارًا، لا نريد أن نقع في منتصف الطريق في فخ (كانت رغبتي منذ البداية كذا وكذا وأنا لا أحب هذا المجال الآن) هذا لأنك لم تحدد ماذا تريد من البداية، مع العلم وللتوضيح لكم، هناك بعض الأشياء نخطط لها، ولكن الخير فيما اختاره الله وهو المدبر، فينزل علينا شعور بالرضا على خياره سبحانه وتعالى، هذا من فضل الله على عباده أن يدلك على ما سينجيك ويرضيك وأن كنت لا تخطط له منذ البداية.

ليست الأهداف متعلقة بالدراسة والسعي وراء الشهرة والمال، قد يكون هدف أحدهم، كيف يسافر إلى بلد آخر، وآخر كيف يسعى ليتزوج ابنة عمه، وآخرون بلا هدف ولا رغبة، يقودني هذا الحديث لسؤال آخر، هل تريد مرافقة العظماء أم السفهاء؟

الذي تطمح لأجله، سيأتي بإذن الله، على مراحل، على درجات، وكلما صعدت خطوة للأعلى ظهرت لك خطوة أخرى، فقط لا تستسلم لا تنهزم، مهما تعبت تماسك من أجلك ومن أجل من تُحبهم.

هون على نفسك، لا تنغمس في كثرة التفكير والتحليل، الأمر لا يحتاج أن ترهق نفسك ذهنيًا، الأمور الجيدة لن تُولد من رحم القلق ولن تنمو على غصن الخوف، ازرع الفكرة في عقلك، حدد الزمان وموسم العمر المناسب، تزود بأدواتك الاحترافية، لا تخجل من طلب المساعدة أو الاستشارة ممن هم في نفس مجالك، لا لتقلدهم، فقط لتعرف عنهم ما سيواجهك، وكيف تنجو حين يشتد عليك الخناق في مرحلة ما؟

(لن ننال النصر إن لم تكن لدينا الخطة المثالية، ومعرفة متى نبدأ الهجوم؟ ولن نتوقف حتى نأتي برأس الفشل متقطرًا من عنقه دم الهزيمة).

ذكرت سابقًا أنيّ أريد أن يكون اسمي على لافتة ما، على الطريق العام بالعاصمة، أن يسطر بأني ناجحة، مناضلة، لأمجد أسماء السابقات من نساء بلادي المناضلات، وأخبرهن أنني لحقت بركبهن وسأصرخ بصوت عالي _ها أنا قد وصلت!_ أنا قد انتصرت. وإن لم يقدر لي أن استقل نفس القطار المؤدي إلى النهاية السعيدة لكنني على خطى العظماء أريد أن أسير، حبوًا أو ركضًا، فالأحلام طريقها واحد ولكن الرغبات تختلف.

سنبحث بداخلنا عن الأمنيات

وننسجها بخيوط من الأمل

سنصنع منها عقدًا ثمينًا

نتقلده حول أعناقنا الشامخة

سنكتبها على خاصرة صخرة صماء

ونغلق بها فوهة اليأس

سنشعر بها مع كل دقة قلب

مع كل رمشة عين

سنخبر بها الله فقط ونطلبها منه

لن نخبر أحد بها البتة...

"فأنا لم أخبركم بعد، هنالك فئة من الناس حينما تسألهم ماذا تريدون؟ حين تنظر إليهم يقولون صمتًا! نحن الذين لا نريد لأحلامكم أن تكون"

هؤلاء الحمقى الذين يحاولون أن يحرقوا حقول أحلامنا بأعواد ثقاب الحقد يأتون من العدم ومن الفشل، ارتبطت ملامحهم بالغل والحسد، يعتقدون أنهم سيبيدون كل الأخضر الذي بداخلنا، ثم تأتِ رحمة الله التي وسعت كل شيء فتزهر قلوبنا بالذي تمنته ونحصد ثمار السعي، فليأخذوا هذا العطاء المدهش كتحذير لهم، وبعون الله أن أردنا كُنّا .

(٣)

السعي

(الله هو الوَكيلُ)

هو الذي يتولى أمر المؤمن حين يتوكل عليه، وهو المعين على الطريق الذي يسلكه وما خاب من استعان بالله وفوض إليه الأمر قبل أن يسعى من أجله، وأنّ ما شاء الله كان، وما لم يشأ لم يكُن، وإن الله لا يضيعُ أجر من أحسن عملًا.

وبعد أن نفضت عنك غبار اليأس، وارتديت ثوب الأمل، ونظرت لملعب أحلامك الأخضر، وأردت أن تسجل هدفًا في ذلك المرمى، عليك البدء في تنفيذ رؤية حقيقية له، كوضع خطة للبدء، واختيار الزمن المناسب ودراسة الفكرة، وما هي احتمالية نجاحها وفقًا للواقع والموقع والاعتماد على الله في تحقيق المطلوب بالخطوة الأولى والسعي في البدء.

هناك مثل شعبي سوداني مشاع (السَوّاي مو حدّاث) ويعني ذلك الذي يريد أن يفعل شيء لن يقول سأفعل كذا وكذا، بل ينفذ؛ لكي يقنعنا أن كلامه ليس مجرد حديث عابر، والبيان بالعمل.

لن نتحدث اليوم، فالوصول لن يتحقق بالتمني، ولكن بالسعي والعزيمة ودفع عجلة الطموح في طريق النجاح، وأن تفعل أفضل ما بوسعك؛ حتى تصل للقمة، فلا تستعجل بطلب النجاح ولا تتذمر إن فشلت حاول مرة ثانية، حاول مرة أخرى، والصعاب التي تواجهك في طريقك ستتلاشى بالصبر والتحدي وبمزيد من الجهد والعمل.

المعادلة بسيطة

إن أردت

سعيت.

وإن سعيت

وجدت.

وإن وجدت

رضيت.

وإن رضيت

شكرت.

وإن شكرت

سيزيدك الله من فضله.

استيقظوا من الكوابيس التي تزور ليالي أحلامكم، إنها مجرد كوابيس تسعى لتحطيمك وإحباطك.

غذاء الروح الأمل

غذاء القلب الإيمان

غذاء العقل التفكير

غذاء الجسم الطعام

وغذاء النجاح السعي

أن تتعثر، أن تسقط لا يمنعك الأمر من مواصلة السير، العثرات تخبرك أن هناك أشياء يجب إعادة النظر فيها، والعمل عليها من جديد، تخبرك أن تفكر من جديد في الخطة، ربما هناك خلل أو نقص أو نقاط لم تنتبه إليها في السابق، التعثر لا يعنى الفشل إطلاقًا، لكنه إشارة حمراء تتوقف عندها؛ لتقلل من استعجالك للوصول، أو أنه أمامك خطر وأنت من سيقرر هل تتوقف هنا؟ هل تعود أدراجك؟ أم تستعد من جديد ثم تنطلق.

لن نتذوق حلاوة الانتصار

ما لم نتجرع مرارة القتال

والحرب التي نخوضها

نحن فيها الجيش والسلاح

ولا حليف لنا ولا ناصر لنا

إلا الله، فكلنا يقين بأن نكون.

وأنا أكتب في هذا الكتاب واجهتني الكثير من الصعوبات أيضًا، لم يكن سهلاً، فأنا مبتدئة، ما زلت أحبو على الأوراق، متكأة على قلم، أقف مرة وأسقط مرة أخرى، بحثت عني فوجدتني في الكلمات، أسطرها ومدادي ينساب متثاقلاً، كان يعاندني ويراوغني. حاربت عناده بكل ما أملك من طاقة، أخبرته أنني لن أتوقف حتى أكتب سطري الأخير، حتى وإن لم يعجبه ما كتبت، ما يهم هو أنني قد وصلت وإنني حاولت، أما النجاح فهو التوفيق من عند الله...

اليوم سأكتب سطرًا

غداً سأكتب صفحة

وبعد غدٍ سأكتب قصة.

وفي يوم ما ستكتبون أنتم قصة عني...

هي الأمنيات تأخذني إلى اللانهاية من الأحلام.

لا تستمرون في الثرثرة، التعليق، ومتابعة خطوات الآخرين، انهضوا من أماكنكم التي تفوح منها رائحة اليأس، انتقلوا لأماكن أكثر نشاطًا وحيوية، دعوا خطواتكم تراقص أنغام الحياة وأخرجوا أفضل ما عندكم، حينها لا أحد يستطيع أن يوقف حماسكم أو يقلل من شأنكم.

(٤)

التفاؤل

(الله هو الحَسيبُ)

هو الكافي لعباده جميع ما أهمهم من أمور دنياهم، وهو الذي يتولى جميع أمور المؤمن وما إن فوض المؤمن أمره لله واستعان به وصبر إلا وأكرمه الله ووفقه من حيث لا يحتسب.

قال رسول الله صلى الله عليه وسلم: (بشروا ولا تنفروا يسروا ولا تعسروا)

نحن لا علم لنا بما سيحدث في المستقبل القادم ولا علم لنا بالغيب، إذًا لا يجب علينا أن ننتظر النتائج بخوف وقلق، بتشاؤم ويأس، تفاءل بالله وكن على يقين أن القادم خير، والنجاح حليفك، لا تضع احتمالات الفشل قبل أن تبدأ، كيف ستعرف نفسك فاشلاً أم ناجحًا إن لم تجرب؟!

حين كنت طالبة في الجامعة، ومع اقتراب موعد نتيجة الفصل الدراسي الثالث، كنت حينها أنا في القرية خارج المدينة، فاتصلت بإحدى صديقاتي لتذهب غدًا وتبشرني بالتقدير الذي حصلت عليه، أجابتني لن أذهب فأنا أعلم أنني لن أنجح من المرة الأولى مثل العام السابق، وسأعيد الامتحانات مع الذين يمتحنون الملاحق.

كان ردي لها وأنا غاضبة:

_ (تفاااائلي).

وفي اليوم التالي بعد أن اتصلت عليها أكثر من مرة حتى ذهبت، وحين وصلت قاعة الكلية وبحثت بين الأسماء المعلقة على جدارها وجدت تقديرها (جيد جدًا) لم تصدق وصرخت دون أن تشعر، وبعدها قالت لي:

_دعيني أتأكد مجددًا أهو اسمي! فضحكت عليها متعجبة ومستغربة منها.

فالله حين يعطي يُدهش.

لماذا كل هذا البؤس؟!

لماذا نتخيل القادم أسود؟! ماذا حل ببقية الألوان؟!

هذا الأبيض وهذا الأخضر

وهذا المفضل عندي الوردي

الأبيض لابتسامتنا

والأخضر لقلوبنا

الوردي لأحلامنا

هيا نرسم طفل يضحك

مريض تعافى

وحزن قد رحل... هيا نرسم شيء مُنعش.

لا تغرف من صحن التشاؤم وتبتلع، ستتشعر بتخمة الذبول ستفنى، وستفنى معك أحلامك وآمالك.

المتفائلون دومًا يقولون:

_نحن على ما يرام...

حتى وإن لم يكونوا بخير؛ لأنهم يعلمون أن مهما مَر بهم من أوقات صعبة ستمضي، فثقتهم في الله لا تنقطع ولا تتوقف.

احسن ظنك بالله...

كن متفائلاً...

امنح نفسك شعورًا جيد

أنت تستحقه

تقدم خطوة، ثم أخرى...

لا تتوقف.. واصل في التقدم...

وواصل في منح نفسك نفس الشعور

حتى تصل إلى ما تريد.

حتى تشعر بالرضا.

الفصل الثاني
(أضلاع النجاح الثلاثة)

رسائل في بريد من نحبهم

(١)الرسالة الأولى

حثنا الإسلام على طاعة الوالدين، وبرهما، والإحسان إليهما، فالأم تعبت في التربية والاهتمام بصغارها ومراقبتهم، وكذلك الأب هو عمود الأسرة وله دور فعال في حماية عائلته وتوفير حياة كريمة لها، وذلك يكون بالعمل المتواصل من أجل تأمين احتياجاتهم ومستلزماتهم ولا نستطيع أن نوفيهم الحق مهما فعلنا؛ على ما قدموه من عطاء وتضحيات من أجل أن ننعم بحياة آمنة وعيش رغيد.

إلى الأسرة الكريمة:

وبعد...

كان لابد أن نكتب لكم هذه الرسالة قبل سنوات، ولكننا كنا صغارًا، لم تتفتح براعم أحلامنا، ولم نكن نحلم سوى بالألعاب وأفلام الكرتون، لا نعرف كيف نُكونَ جملة مفيدة، نتعثر في الخطوات، نحسب الساعات والأيام من أجل أن يأتي يوم العيد حتى نحصل على مزيد من الملابس والحلوى، لم نكن حينها إلا نهاية سعيدة لزواج سعيد، الآن وقد كبرنا نشكركم على حسن تربيتكم لنا، وعلى قوة تحملكم وصبركم علينا عندما كنا أطفالًا نتصرف أحيانًا بشقاء، ومراهقين نتصرف أحيانًا بغباء.

نحبكم ونقدر لكم كل ما فعلتموه من أجلنا ومازلنا نريد دعمكم وحبكم هذا حتى النفس الأخير وأنّ نتطلع للمزيد منكم.

أسرتي أود أن أخبرك وبكل حب أن اختيارنا لشيء لا يرضيكم لا يعني أننا أبناء عاقون، ولا تقليل من شأنكم، ولن نخرج عن طاعتكم فنحن لا نريد أن نغضب الله بسبب غضبكم منا، كل الذي نريده أن تنظروا لأحلامنا بمنظار أعيننا لبرهة من الزمن، فأنا كفتاة، لن أتزوج قريبي لإرضاء عائلتي وحتى لا تولد العداوة بين الأسرتين، وأنا لا أريد أن أترك التعليم من أجل الزواج المبكر، أو تخبروني أن التعليم للفتاة لا فائدة منه، وأنا لن يرضيني لأخي أن يدرس الطب كي ينافس ابن شخص ما وهو يتطلع لأن يكون مهندس كهربائي، ولا أن يتزوج ابنة صديق أبي فاحش الثراء، لكي يتعاقد مع أبي بهدف أن تزدهر أعمالهم، نحن لا نريد أن نكون جزء من صفقة رابحة، _ مثل هذه الأشياء تحدث_ لا نريد إلا أن نكون أنفسنا لا أشخاص غيرنا.

رسالتي هذه أكتبها وكلي أمل أن تتفهموا مقصدها، وتدققوا في معانيها، وأرجو ألا أكون قسوت عليكم بالعبارة، فمنذ صغري أنا لا أقوى على أن أجرح مشاعركم ولا أرفض لكم طلب. ولا تخبروني عن العادات والتقاليد في منطقتي فلا مراجع لها ولا مصادر تثبت ذلك، هي مجرد أشياء صنعها الكبار ليلعب بها الصغار حتى يقتنعوا أنها حقيقة، الدليل على ذلك أنها تختلف من منطقة لأخرى، ومن قبيلة لأخرى ومن أسرة لأسرة أخرى. أعتقد أنها أشياء مرتبطة بطريقة التفكير، ذلك التفكير المتوارث، وسنحترم فيه القيم والأخلاق، لا الرغبات التي تريدون أن تزرعوها في حقولنا التي تم زراعتها سابقاً ببذور أحلامنا.

لن نخيب ظنكم بنا إن أعطيتمونا مزيدًا من الحرية والوقت، هذا كل ما نريده، فأن وجدنا أنفسنا متوافقون وفقاً لما ترونه، سنبذل الجهد وسنصل إلى ما نريد وسيكون هذا بدعمكم وحبكم.

وإن لم نجد أنفسنا في رؤيتكم هذه استمعوا لصوت رغباتنا التي تشتعل بداخلنا ويومًا ما ستتراقص أصابعكم محتفلين بنا وستقولون بصوت عالي وبكل فخر

هذا هو ابني

هذه هي ابنتي

أسرتي الجميلة هل وصلتكم معاني رسالتي؟ المكتوبة بكل حب، فخر واعتزاز أنني منكم وسأظل منكم، وكل الذي سأحصل عليه من فخر في حياتي سأهديه لكم.

كم من جميلة تزوجت دون رغبتها..

كم من جميل درس تخصص دون رغبته..

كم من صغيرة حرمت التعليم..

كم من صمت مررنا به وفي داخلنا زئير

كم من نعم قولناها وهي لا... لا لنعم تلك.

كم من أشياء خسرناها في ظل الانتظار، على أن تأتي هي ولم تأتِ، ما كان علينا أن نتكور داخل رحم الظلام وبالخارج ألف شمعة تنتظر أن تنير لنا الطريق، هذا لأنّ البعض منا ولد في الظلام وعاش فيه، حتى ظنّ أن كل العالم من حوله مظلم، فهو لم يرى بعينيه الحياة؛ لكن سمع عنها فقط على ألسن الناس.

حين سَألتُ صديقتي ذات مرة كيف نحقق أحلامنا، أخبرتني أن(نمد أقدامنا قدر لحافنا) وهذا القول يعني بالفصحى ألا نتطلع للمزيد، بل أن نتمدد في مساحة معينة، ألا نتجاوزها، وألا نحلم بأكثر من ذلك.

أنا لا أريد أن أكون في مساحة صغيرة حتى وإن كنت شيء صغيرًا، سأسعى إلى اللانهاية اللا حدود فأنا ولدت(بأحلام ذات سيقان طويلة) سأتمدد حتى أشعر بالراحة والرضا في الوضع الذي يرضيني.

(٢)الرسالة الثانية

إلى المعلمين والمعلمات:

كل الشكر والتقدير لكم على العطاء المستمر، على الجهد المبذول على التربية قبل التعليم، فلولاكم لما وصلنا إلى ما نريد، كنتم الداعم والأسرة الثانية التي ساعدت وشاركت في بناء شخصيتنا الأخلاقية والتعليمية، تعلمنا الكثير منكم خلال ما يقارب العشرون عام .

يقول الشاعر الأم مدرسة، وأنا أقول المدرسة والجامعة أسرة بكامل مسمياتها وصفاتها.

ولدت في قرية بسيطة، والمدارس ليست ذات منظر معماري يسر النظر، ولكن بها كفاءات عالية من المعلمين والمعلمات، الذين كافحوا من أجل أن نكمل يومنا الدراسي في أصعب الأوضاع، ولن أنسَ حين ينهمر المطر نمشي حفاة حتى صالة المدرسة، نغسل أقدامنا من ماء المطر ثم نرتدي أحذيتنا قبل الدخول.

لم تكن تلك أشياء تعيق التعليم ولم تكن حرارة الفصل ولا ألوان جداره الباهتة تردعنا من أن نكمل التعلم، كنت أحب بساطة تلك الأشياء حتى أكملت تعليمي، لكن كان هناك شيء ينقصني لم تكن توجد أنشطة مدرسية للفنون الأدبية، فكان هناك فقط حصة للرياضة وأخرى من أجل أن نلعب بالطين وقليلاً من الرسم، كنت أكتب الخواطر التي أقوم بتأليفها وأحرص على ألا تقع في عين أحدهم، فلم يكن ما اكتبه شعر، فأنا لم أدرس حينها فن القوافي، كانت عبارة عن كلمات مكتوبة في شكل رسائل مبهمة أو شكوى لأحدهم، لكن لا أستطيع أن أعبرها شفاهه.

وأحيانًا لدرجة ما يعجبني الذي أكتبه أتساءل هل أنا التي كتبته؟ كان هذا منذ سنوات مضت، وبعدها توقفت عن الكتابة، تمنيت أن تكون هناك حصة خاصة للأدب؛ الغرض منها اكتشاف المواهب التي تختص بالتأليف، فأنا في حصة الفنون لا أجيد الرسم ولا صنع الأشكال بالطين، كان شغفي الوحيد أن أكتب ما أشعر به فقط، لم يلاحظ أحد موهبتي في الكتابة لأنها مخفية، كلمات صامتة مخبأة في نهاية أوراق دفاتر السنة الدراسية التي مضت.

معلمي ومعلمات الوطن الحبيب، لكم الفضل والحق في توجيهنا وإرشادنا وستظلون المنارات التي نهتدي بها حين نضل الطريق، وحين تحاصرنا المتاهات قائلة ألا مهرب، كما الأسرة أنتم ركيزة من ركائز قوتنا وسلاح من أسلحة معرفتنا.

لا أعلم عن المدارس في المدن الأخرى ولا أعلم عن طرق التعليم الحديث ولا المنهج العالمي.

أحب مدرستي كما هي فقط أطلب من جميع المعلمين والمعلمات في كل بقاع الأرض أن يبحثوا أثناء رحلتهم وتأديتهم لرسالتهم عن كل صاحب موهبة، أن يستكشفوا سر وسحر التلاميذ الذي يجعلهم يتألقون يومًا في سماء الأحلام ويشع نجمهم مع أنجم العظماء.

لا نريد أن نكتفي بالدورات المدرسية التي تقام بين القرى، ولا المحليات نسعى للأفضل للدولية، للعالمية، المواهب متعددة لكن تلاميذنا مشغولون باللعب، بالإلكترونيات التي غزت وقتهم، رسالتي هذه رسالة رجاء من جميع المدارس أن تظهر الموهوبين للعالم وتزيل قبعة الخفاء عنهم وتوقظ الفن من داخل عقولهم، تسلط الضوء على ما يجعلهم مختلفين وتعريفهم أنهم بارعون في شيء ما وعليهم المواصلة في تنمية الموهبة دون أن يؤثر ذلك على مستواهم التعليمي،

ربما نستخرج رسام بارع

أو مصممة أزياء ماهرة

أو لاعب كرة قدم ساحر.

(٣) الرسالة الثالثة

إلى المجتمع:

المجتمع هو عبارة عن نسيج اجتماعي من صنع الإنسان، قد يكون مجتمع قرية، مدينة، أو دولة.

ويتكون المجتمع من مجموعة من الناس، أفراد يعيشون مع بعضهم البعض وفقًا لنظم وقوانين معينة.

المجتمع هو أنت وأنا والجميع والمكان الذي نعيش فيه، إذًا الرسالة هذه تشملني أيضًا.

العلاقات الإنسانية هي التي تخلق التضامن والتكافل بيننا كأفراد، ولا أهمية للعلاقات إن لم تؤثر في بناء ونهضة المجتمع.

أفضل مراحل العمر مرحلة الشباب وهذه مرحلة يتمتع بها الإنسان بكامل نشاطه وحيويته وسن الشباب من_ بداية الخامسة عشر إلى نهاية الأربعين_ وهذه الفترة فترة الكفاح والعطاء وبذل المجهود وتقديم ما يفيد ويخدم المجتمع.

الشباب هم الذين يخططون ويسعون؛ لتطوير المجتمع الذين يعيشون فيه، فهم الطاقة والقوة التي بوسعها أن تقدم الكثير من الأعمال التي تنصب في مصلحة المجتمع، وتتجلى أهمية الشباب في خدمة المجتمع من خلال السعي؛ لتنميته وتطويره ويكون ذلك بالأفكار المبتكرة، والقيام بالأنشطة التعاونية والثقافية، والمساهمة بتنمية البيئة ونشر التوعية بكافة أنواعها.

يمكن للشباب أيضًا المساعدة في تطوير المؤسسات العامة في منطقتهم، كالمدارس والمراكز الصحية والنوادي الرياضية، والأمر يشمل أصحاب المراكز المرموقة الحكومية والتي يجب أن يكون لها دور فعال لتوفير مستلزمات الفرد، وتهيئة سبل التعليم، والصحة ودعم المشاريع للشباب.

والشباب أيضًا يمكنهم جمع التبرعات؛ لتحسين المؤسسات العامة في مناطقهم من أجل الحصول على خدمات أفضل وتوفير بعض من الأشياء التي يحتاجون لها كأفراد.

الشباب هم أحلام المجتمع وقادة المستقبل القادم، وذلك بما يتمتعون به من قوة عقلية وجسدية وتعليم عالي وثقافة متنوعة، بوسعهم المساهمة في العمل من أجل الإنتاج والتطوير وبناء ونهضة المجتمع، فهلموا للعمل من أجل مجتمع معافى صحيًا وذهنيًا.

الفصل الثالث
(خواطر لتقليص حجم المخاطر)

" من الغريب أن اليأس أصبح عطرًا يغزو العالم، والأغرب من ذلك أن الجميع يريد أن يقتنيه! عمومًا لا أنصحكم به، حاولوا أن تستنشقوا بعض من الأمل"

ثم أن الصبر على المصائب من آداب المسلم، الصبر على طلب الرزق، طلب النجاح، طلب الشهرة، والصبر على الأذى من البشر، مهما أصابك من عدوك من سهام، لا تستسلم لا ترتعد واصل الكر والفر حتمًا ستنجو.

(1)

تجاوز الماضي...

الحياة عبارة عن أعوام مضت بخيرها وشرها، وأعوام آتية لا نعلم عنها شيئًا، هل كان الماضي بالنسبة لك شيئًا جيدًا أم رديئًا؟ هل كل حزينًا أم سعيدًا؟

مهما كان ما مررت به تجاوزه؛ كي تمضي قدمًا، لا تستطيع أن تتخلص من مرارته ما لم تمضمض حَلق حاضرك وتغسله بالتفاؤل والأمل، ثمة أمور في الحياة خلقت من أجل أن تمنحنا القوة والصبر والتعلم منها، أمور استهلكت منا الكثير من الوقت والجهد، الآَن لنأمل أن يكون القادم أفضل، لا تجلس عند أقدام ماضيك متوسلاً إياه أن يرحل عنك، لن يرحل الشيء الذي تسكنه، غادر أنت بلا عودة وفي الحقيقة أنك غادرت بلا شك، ولكن تفكيرك المكثف فيه يجذبك نحو الوراء، أركض يا أخي أركضِ يا أختي، فثمة مكان جميل خلف هذه الأسوار التي تعمي النظر، وتدمي القلوب، ينتظر أن يحتضن أجسادنا الواهنة ويشفي قلوبنا المعذبة، مكان يسر النظر، ويمنع الكدر، لن نصل إليه قبل أن نتخلص من قيود الماضي.

(2)

كن متفائلاً...

دائمًا نحن البشر نتوقع الخيبة والهزيمة قبل الشروع في المحاولة ولا أدري هل هو بسبب كثرة الفشل أم جينات متوارثة حظينا بها؟

الخطوة الأولى كما قيل هي الأصعب دومًا، والفشل لا يعني أن تتوقف عندك، حاول حتى تصل للمرة الأخيرة(المرة النجاح) المجهود الذي تبذله في المشاعر السلبية والخوف من النتيجة، استثمره في كيف تجعل حياتك أفضل؟

كيف تجعل مشروعك ناجحًا؟!

وكيف تتخطى العقبات؟!

وتذكر أن كل جهد مبذول سيثمر بالنجاح بإذن الله، وعند الله لا تضيع الودائع يا من وكلت الأمر لله وحده.

(3)

كامل الدسم...

تناول من الكلام الذي يدفعك للأمام، لا تدع الكلمات المحبطة تؤثر على مستقبلك وخططك، ستسمع الكثير من الإيجابيات والسلبيات سيحللونك، سيجعلونك مريضًا نفسيًا، إن جننت بأحلامك تلك.

لا تدعهم يكتبون لك الوصفة العلاجية، أنت لست مريض، أنت شغوف بالأشياء الجميلة التي لا يشعرون بها، الأشياء التي لا يريدون أن تصل إليها، تناول من أصوات الناس المفيد لعقلك، المغذي لأفكارك كامل الدسم.

(4)

لا تكتئب إن لم تكن كذلك...

يُعرف العلماء الاكتئاب بأنه مرض يصيب الشخص، يسبب شعورًا بالحزن المستمر، فقدان المتعة وانعدام الأمل.

وأسبابه كثيرة من العوامل الوراثية والبيئية وغيرها، هذا هو الاكتئاب كما ورد عندهم.

لكن أن تتكور داخل نفسك بسبب كلمة قيلت لك لكي تحطمك، أو موقف مر بك، أو محاولة فشلت بها! واخترت أن تنعزل وتحزن وتفقد شغفك للأشياء أنت هنا منهزم، قبلت الخسارة، شخص ضعيف، شخص أخبر الجميع أن يبتعدوا عنه لأنه مكتئب! أنت لا تعلم معنى الاكتئاب حتى تخرج من قوقعتك التي تشعرك بالأمان الواهي، حتى لا تجرفك أمواج الذبول إلى لجة الاحتراق، ولن يبقى منك سوى رماد متناثر.

(5)

الألم وسنقدم الميم على اللام...

الألم الداء المتفشي من حوادث الماضي، واضطرابات الحاضر، السجن الذي قيد أيدي العديد من البشر، دون جنحة، دون جريمة، كاذب من قال أنه لم يقيد بتلك الأغلال.

البعض عاش فيه حتى مات، والبعض نجا بصعوبة، وهناك نوع آخر من الناس اقتنعوا أنفسهم أنهم جناة واستحقوا العقاب! قليلون منا الذين تخطوا مراحل التعافي حتى وأن بقيت آثار الألم عليهم، لا أعتقد أنني أجد وسيلة للخلاص منه إذ أنني أتعايش معه وألاعبه بالضحك، وإن حدث وأصابتني نوبات منه لا أفزع ولا أجزع، يأتي على شكل موجات شتوية أحاربها بدفء النسيان، وتارة على شكل موجات دافئة أحاربها ببرودة التفاعل. فأنا وأنتم على موعد بالخلاص فالصبر ثم الصبر الذي تعقبه البشرى والمسرة، سيمضي وسيزول كل هذا العناء والألم.

"لن نجعل ما حدث يحطم الذي نتمنى أن يحدث".

(6)

كيف حالك؟...

عندما أسأل هذا السؤال لبعض من الناس، الرد يكون أحيانًا سوداوي وبائس!

لا تخبر أحدًا أنك لست بخير إن كنت بخير!

ربما هو أراد أن يشكو حاله وبعد أن استمع لك تراجع!

حالك أفضل من الكثيرين من البشر

قل الحمد لله ولا تكثر من الشكوى والتذمر، تحدث مع صديقك أو أحد أفراد أسرتك إن شعرت بأنك في حاجة لذلك.

أشكو الحزن لله، لا أحد يستطيع أن يزيل عنك، هم يشاركونك الدعاء لك فقط، فلا تشعر الناس بأنك غريق وأنت تجيد السباحة.

لن يحسدك قلب يدعو لك بالخير

أخبر من تثق فيهم أنك قررت أن تفعل كذا وكذا

سيساعدونك ويقدمون لك العون.

لا بأس بقلب طاهر يدعو لك الله أن يوفقك.

(7)

أنتِ لست نحلة، أنتَ لست أسد...

لن تكوني نحلة عاملة، فالنحلة لديها أجنحة، ولأجنحتها طنين، وهي تنتج العسل.

من أخبرك أنك نحلة كان يقصد بذلك أنك تتمتعين بالحيوية والنشاط، وكلهن أمل بأنكِ يومًا ما ستنتجين النجاح، وسيأتي من خلية أفكارك.

لن تكون أسد الغابة، فالأسد يصطاد، لديه مخالب ويخطط قبل أن يهجم على فريسته، من أخبرك أنك أسد كان يقصد بذلك أنك تتمتع بالقوة والشجاعة، وكلنا أمل بأنك يومًا ما ستجد النجاح من داخل عرين أفكارك أيضًا.

المزيد من التخطيط والتركيز يساعدان على تسهيل عملية البدء في الخطوة الأولى والحصول على نتائج أفضل.

(8)

زومبي الذكريات...

الزومبي كما نشاهده في أفلام الخيال هم الموتى السائرون، لا نستطيع قَتل من قُتل مرة أخرى، سيعود من جديد.

وحش الذكريات أيضًا لا يمكن قتله، وللذكريات مخالب تنهش لُجّة أفكارنا وتنخر جدار أرواحنا، لكن علينا أن نتذكر أن الرجوع بالذكرى ليس بآلة زمن، ولا بالذهاب إليها مشيًا، هذا كلام ينافي الحقيقة.

ولكنها تأتي من تلقاء نفسها متى ما حضر موقف مشابه، مناسبة ما، أو نحن الذين لا نريد أن ننسى أن نتذكر.

والذكريات نوعان:

***جميلة تمنحنا شعور بالامتنان والرضا والحب.**

***سيئة تمنحنا شعور بالانفعال والغضب والبكاء هذه يجب أن تمحوها من ذاكرتك هي التي تضعفك وتمتص طاقتك الإيجابية حتى تسقط مغشيًا عليك.**

تذكر من ماضيك كل شيء جميل

وما دون ذلك فلا تكترث ولا تهتم.

(9)

لا تمثل دور الضحية...

المجتمع، الأسرة وكل من حولك قد تواجه منهم ضغوطات وسوء معاملة، فالمجتمع يحللك حسب عاداته وتقاليده وحسب البيئة التي تعيش فيها وكيف ينظرون إليك؟ والمنزل لا يخلو من النقاشات الحادة والقرارات الصارمة، التي تؤثر عليك، ولا عليك...

افتراق والدك عن والدتك لا يعني النهاية، فهناك أطفال بلا هوية، مشردون، أيتام، لاجئون، رغم ذلك يكافحون من أجل لقمة العيش والبقاء، لا تحمل نفسك ذنب لا يد لك فيه، أحيانًا الرحيل بقناعة أفضل من التواجد بغيرها، تعلم من أخطاء الكبار، وانظر للجانب المشرق من الخارج أما ما يدور في الداخل قضي الأمر فيه فاجعل لنفسك مخرجًا من هذا التفكير القاتل بالتحلي بالقوة وإدراك أن مثل هذه الأشياء تحدث.

(10)

تجنب الوحدة والبكاء...

قليل من البكاء

مفيد...

كثير من البكاء

مضر بالصحة...

لا تنغمس في المصائب، لا تخضع لسلطان الوحدة، ستصيبك بالجنون وستدمر حياتك

توقف عن نشاطك إذا ما شعرت أنك مثقل أو حدث شيء غير من مزاجك وطبيعتك، خذ قسطًا من الراحة لكن لا تكثر من التهام العزلة والصمت، فلن تنجو ولن ترجع إلى ما كنت عليه.

توقف عن البكاء، تخلص من الوحدة، لا تأخذ الكثير من الوقت في محاربتهما؛ حتى لا تحصل على القليل من النصر.

(11)

لا تنتظر أحد...

الجميع يحتاج لليد التي تصافح كف أحلامه، البعض لن يفلت قبضته عنك والبعض يمتهن الإفلات والتخلي.

العالم في فوضى عارمة، حروب، زلازل، فيضانات الأمر أصبح أكثر من (فوضى حواس) ...... لا أحد سيكون نجاتك الكل يريد أن ينجو، أنت وحدك من تكافح من أجل البقاء وتذكر أن تجد الفرصة المناسبة لامتطاء صهوة أحلامك، كل ما عليك فعله هو البدء في الذهاب في طريقك الخاص حاملاً لواء أحلامك ومجدك.

(12)

ابتسموا...

ابتسموا فالحزن لن يغير طبيعة الأشياء، فالدموع البيضاء لن تغسل سواد الأيام، وليس كل أسود يدل على الحزن، فالكعبة كساءها أسود والكفن أبيض، ولا معنى لضوء النهار دون ظلام الليل.

ما ضاقت إلا للفرج

ما ضاعت إلا للعوض

ما فشلت إلا لتنجح

تلك الغيوم ستتلاشى، وتلك السحب ستمطر علينا

بالخير، الفرح والرضا." ابتسموا. فبدونها يصبح طعم مذاق هذه الحياة سيء للغاية"

(13)

فكر بإيجابية...

إن داهمتك أعاصير الحياة، كن مستعدًا لها لا تجلس في الزاوية، لا تغلق الباب، لا تعتزل نفسك.

إقرأ كتاب يمنحك شعور بالأمل.

تحدث مع صديق تثق به.

مارس الرياضة المفضلة لديك.

ضع خطة للحصول على إجازة وسافر لمكان ما إن استطعت ذلك.

هناك ألف سبب لتغيير نظرتك للحياة ألف سبب يمنحك الأمل، ألا يكفي ما قدمناه من تضحيات؟ ألا يكفي العمر الذي ضاع ونحن نطرز فيه الصمت على أقمصة الكتمان! رغم ما فينا من آلام؟ تلك الآَلام التي تصرخ في صمت بداخلنا حتى تأذت من صوتها أذن قلوبنا وتهترت من نقرها أضلاعنا.

كلا لن ننهزم لها...

لن نستسلم...

لن نستمع لمعزوفة الألم هذه..

سنحبس أنفاسها بداخلنا حتى تختنق...

حتى تموت....

(14)

العادات والتقاليد...

كما ذكرت سابقًا تختلف من مكان لمكان، ومن زمان لزمان، ولا أدري أيها أصدق ولمن تُنسب، هي معتقدات حينما يخبروني عنها لا أكترث إطلاقًا لها، فنحن النساء يجب أن نعمل بها أكثر من الرجال، فالشاب إن عاد منتصف الليل من ملهى ليلي لا أحد يلومه، سينام حتى منتصف نهار اليوم التالي! أما الفتاة إن تأخرت في العودة من الدرس الخصوصي قبل أذان المغرب تفور من أجلها مراجل الغضب

ومن النافذة التي تخص الجارة التي تقاسمنا الشاي والخبز، وتشاهد أن الجميع يعاتبها ويلومها ستنطلق الأخبار ممتطاة أفواه وأحاديث النساء في الحي كله.

هل من فتاة في بلادي لم تسمع عبارة (ماذا سيقول الناس عنا؟) هذه تعني أننا لابد أن نرضيهم حتى وإن لم نرتكب الأخطاء.

كلا لن أسعى لإرضاء الجميع لن أعاقب نفسي على اللا شيء! ولن أرقص مع ألحانهم وهم ينظرون إليّ وكأنهم يريدون بتر أقدامي.

(15)

الحرية...

وللحرية ضريبة لابد أن تُدفع.

أنا لا أعتقد أنني امتلك الحق الكافي للكتابة عنها، كان ملخص الحرية في منطقتي يقتصر على:

اختيار لون جدار الغرفة.

اختيار فستان العيد.

اختيار أما أن أنام أو أجالس نفسي.

وما دون ذلك فهو انتهاك للفضيلة!

لم يكن لدينا الحق الكافي كنساء حتى في اختيار الأشياء التي تناسب ذوقنا، مراقبات محاصرات وكأننا العدو!.

ها أنا ذيّ الآن وقد كبرت.

سأخترق جدار عزلتي وستبكي أعيني بعد انتصاري وسيصفق الجمهور لي، ذلك الجمهور الذي حلمت أن يصفق لي قبل اعتقالي، مسجونة بداخلي مائة عام ولا أحد يبالي!.

(16)

شيخوخة الحلم...

الأحلام شباب العمر، لا تقيد بعمر معين ولا بزمن محدد والحلم الوحيد الذي حققته يفتح لك أبوابًا أخرى من الأحلام، فكر مليًّا، ابتكر، جدد شغفك، لا تدع أمنياتك يصيبها الموت، عانقها ما دمت تتنفس.

المواصلة في السعي، تعني مزيد من النجاح، مزيد من النجاح يعني مزيد العطاء، العطاء لمن يكون؟

لوطنك

لشعبك

لأسرتك

لنفسك

لأجيالك القادمة.

(17)

لا تستحي من طلب المساعدة...

حين تبدأ الخطوة الأولى في شيء معين، لا تخجل أن تطلب ممن هم في نفس مجالك المساعدة، ستجد عندهم الخبرة، سيرشدونك وينصحونك ويعلمونك كيفية تخطي الأزمات التي قد تواجهك، تعلم منهم لا تقلدهم، ومن الغريب هناك بعض الأشخاص الذين وصلوا لمبتغاهم لا يحاولون مساعدة من هم خلفهم، ويشعرون أنك تنافسهم أو تريد القضاء عليهم، احسنوا الظن في بعضكم البعض فلا تعلمون ربما تسقطون من الأعلى وهم من يلتقطون أطرافكم من جديد.

لا تتكبر

لا تَصُد أحد

لا تكتم العلم الذي بداخلك، حرره من أجل الفرد من أجل المجتمع من أجل الوطن.

(18)

كن ثائرًا

سَطر أحلامك في ورقة قم بوضعها داخل زجاجة احفظها في مكان آمن، لا تدع أحد يراها ولا تدع أحد يحطم زجاجتك فمن يحطمها حطمك أنت، حطم أحلامك التي بداخلها، لا تسمح لأحد بأن يقلل من قدراتك أو يضعف من قوتك، قم بتحذيرهم لن يعبث أحد بهذه الزجاجة، ولن يقترب منها فهي مكتوب عليها قابل للاشتعال، ممنوع الاقتراب وخطر.

بعض الأشخاص يريدون أن يشاهدوك مضمحل، مكتوف الأيدي، قم يا مناضل واجعلهم خائبي الظّن.

(19)

فقدان الأحبة...

والأشد وجعًا من الموت، فراق الأحبة

الفراق نوعين فراق الأحياء عن الأحياء بسبب عدم التفاهم، والتوافق أو الظروف وهذا الفراق يتعب المرء أكثر من اللازم وكل طرف يحمل الطرف الآخر السبب فيه، يؤثر على الطرفين ويكاد يدمرهم وهذا ناتج من فرط التعلق والحب، تماسكوا والخير قادم في الغير، لا تجعل الأمل في الناس وتنسوا رب الناس.

النوع الآخر فراق الأموات عن الأحياء، أشد وجعًا والأقسى شعورًا، ليس بالشيء اليسير، لكن قضي الأمر وهم السابقون ونحن اللاحقون، ومن أجلهم سنواصل السير حتى نصل للمجد. لن تموت فينا ذكراهم وعلينا أن نعتاد فكرة أن تفقد شخصًا أو يفتقدك شخص.

نستغرب من الرحيل لأننا منشغلون بالحياة وغافلون عن ذكر الموت .

لا نملك إلا الدعاء والصدقة لهم، وإلى أرواحهم النقية سنهديهم كل جميل، كل نجاح فلا تجعل حياتك تتوقف مع توقف حياة غيرك.

(20)

الزواج ليس نهاية الطريق...

الكثير ممن أعرفهم خصوصًا النساء، بعد دخولهن القفص الذهبي_ كما قيل_ يتفرغن للبيت وتربية الأبناء! نعمة التربية أعظم نعمة ولكن إن استطعتِ أن ترتبي حياتك، ستواصلين في مشروعك، وفي عملك، الزوج عونًا وسندًا لك، كل المعضلات لها حل وإن كانت هذه ليست معضلة من الأساس.

وأما بالنسبة للزوج يمتهن الوظيفة، يستهلك طاقته، قليلاً يجالس الاطفال، وشحيحًا يمارس الهوايات، ينعزل عن عالم الأسرة الممتد، لا يجتمع بهم إلا في أوقات الفرح أو الحزن، يركض طوال عمره وراء لقمة العيش وينسى كيف يعيش!

الحل بسيط جدًا ..

التفاهم، تنظيم الوقت، والتنفيذ

الإصغاء لرغبات الطرف الآخر

ومساعدته على بناء أحلامه

وشجرة الأسرة السعيدة ستثمر أطفال بنكهة الحب وطعم النجاح.

(21)

لا تهرب...

إياك والهروب إياك والتخلي، عندما تواجهك ظروف قاسية، أو مجموعة من الصعاب، تعلم كيفية الصبر واغتنم الفرصة لتثبت لنفسك وللعالم أنك في خضم هذه التيارات العنيفة نجوت وستروي علينا قصتك لنستفيد منها من بعدك، وكيف أن المعاناة قد وَلدت الإبداع بداخلك، وتلك الشعلة التي بداخلك لم تنطفئ؛ فهي محاصرة بين أربعة زوايا:

_ حسن ظنك بالله

_ التوكل

_إيمانك بنفسك

_ وصبرك

وبعد كل هذا العتاد، قل لي هل تستطيع رياح اليأس أن تتسلل إلى شعلة روحك المتقدة بالأمل؛ لكي تُخمدك!

(22)

احتفل بنجاحك الصغير...

الوصول يأتي على مراحل، وبخطوات مدروسة وصحيحة، ما أن بلغت مرحلة ما، احتفل بها وأسعد بها قلبك، شاركها مع أصدقاؤك وأحبابك، لن تصل للكمال حتىَ لو اتممت جميع المراحل، لا تبالغ في طلب المستحيل ولا تطمع في الذي يمتلكه غيرك.

النسبة من النجاح التي حصلت عليها وأنت مجتهدًا هي نصيبك، تابع التقدم فقط واحصل على المزيد من الأوسمة والميداليات، لن يكرمك المجتمع مالم تشعر بقيمة نفسك وتكرم نفسك.

تجنب التعالي والتفاخر والتباهي لا يغرك المديح، ولا يفسدك الثناء. ولا تسمح لنفسك أن تستريح من الشغف، إن أهملته ستبدأ من جديد من الصفر .

(23)

كن ممتنًا....

لله أولاً

ومن ثم

لوطنك(بلادي وإن جارت عليّ عزيزة)

_ لأسرتك(وأهلي وإن ضنوا علي كرام)

_ لمعلمك (كاد المعلم أن يكون رسولا)

_ لأصدقائك الأخيار(صديقي طيب القلب له ودي له حبي)

_ للألم الذي تخطيته (لن تبلغ المجد حتى تلعق الصبر)

ولجميع الأشياء الجيدة، والمواقف التي مرت بك واثبت فيها جدارتك، وتركتك عليها بصمتك، حياتك أوراق بيضاء أكتب فيها ما شئت من رغبات، لونها بألوانك المفضلة، ارسم لوحتك الخاصة متخيلاً صورتك وأنت هناك تحلق على بساط أحلامك، لا يهم أن تكتب؛ لكي ترضي ذوقهم الأدبي وحسهم الفني المهم أن تجد نفسك في كلماتك وأن تخرج منك وهي صادقة ومعبرة تعكس جمال روحك.

(24)

أحلامك...

ثم أحلامك

إن نسيتها فلا شيء آخر يستحق أن تتذكره.

ثم الأمل...

ثم العمل...

(25)

سلة المحذوفات

اقضي على كل ما يزعجك، أو يتسبب في زيادة مساحة تخزين أفكارك دون فائدة، امسح كل ما له علاقة بماضٍ مؤلم، قم بحظر الأوقات السيئة التي تعكر من صفوك، ضع فمك في الوضع الصامت حين تنام آلامك لا توقظها. لا تضغط على زر التشغيل مالم تكن مشحونًا بالأمل ١٠٠٪ وكن مستعدًا لوضع الطيران إن أردت أن تترك كل هذا وتحلق.

(26)

لا تفرط في الثقة في النفس...

تخيّل أنك وصلت، لا يعني الكمال ولا النهاية، كن على سجيتك في معاملتك مع الناس ولا يغرك ما وصلت إليه من نجاح، وكثرة التباهي قد يجلب لك السقوط إلى الهاوية.

وأثبتت الدراسات أن بعض الأشخاص الذين يشعرون بالاكتئاب كان ذلك بسبب ثقتهم الزائدة في أنفسهم وإفراطهم في تقدير مهاراتهم ونجد الواحد منهم حين يرى نتائج مجهوده، يقول لم أتوقع ذلك، لقد عملت كثيرًا من أجل هذا المشروع .....

تقبل نسبة نجاحك إن كانت محدودة أو لا حدود لها، ما يهم في النهاية أنك نجحت.

(27)

السند...

كان يا ما كان في قديم الزمان، السند هو الصديق الذي لا يفلت يدك، هو الأخ الذي لا يرضى في حقك، هو الشعلة التي لا تخمدها النقاشات الصغيرة، ولا المسائل العابرة، أما الآن كل الأشياء ليست كما هي، التخلي عنوان قصائد الصداقة والأخوة، والفراق بسبب أبسط الأسباب. لا تبحث عن متكئ وأنت تعلم أنه لا مكان لك ولا تترجى بقاء مغادر، تحلى بالشجاعة عليك أن تجد الطريق، ليس هناك أحد يهتم بك غير نفسك لذا توقع أن تسير وحدك.

محظوظون هم من وجدوا من يسندهم ويؤنسهم في رحلة الحياة، أما نحن الباقون فلا نحصل إلا على السند (وتشات) من أنيس.

(28)

غير قابل للنفي...

أكثر الأشخاص الذين نتألم منهم، هم نفسهم أكثر الناس حبًا لهم، تتكاثر آلامهم بداخلنا وتتزايد محبتنا لهم!

هؤلاء الأشخاص الذين يتلذذون بالألم الذي نعيشه ويعتقدون أننا محاصرون داخل حصنهم، يتآمرون ضد مشاعرنا ويهاجمون ساحة أرواحنا، هل يظنون أننا سنستسلم لهم! لا. لن نقف مكتوفي الأيدي سنحارب ضدهم حتى نحرر أنفسنا من سلطتهم العارية من العدل، وحتى نحصل على الحرية والخلاص منهم. وسترفع راية (استقلال الذات)من عهدة استعمارهم.

(لا تسمح لأحد بأن يغزو عالمك وهو يضمر لك السوء خلف ابتسامته الماكرة، لا تعطيه فرصة أن يتخلل مسامك ليمتص من روحك الحياة ومن عقلك الفن)

(29)

إذا كان لديكَ أمل لا تطفئ بريقهُ بداخلك، ومهما حاول الجميع أن يُحبط ويُضعف من عزيمتك لا تستسلم ولا يعميك ظلامهم، بل حَرك سِكُونك ثم أقفز للجانب الآخر لترى النور.

الفصل الرابع
(قصص من قصص النجاح والكفاح)

القصة الأولى: الأستاذة نجاة والطالبة إيثار

ستظل إيثار الفتاة الصماء المثابرة الحالمة هي مصدر إلهامي وقدوتي في الحياة، كتبت القصة هذه قبل عام ودمجتها في كتيب لأنني خشيت أن تضيع مع ما ضاع من مؤلفاتي، والآن أذكرها هنا مرة أخرى.

كنت دائمًا أكتب عن القصص التي مرت بي أو عن موقف تعرضت له، لكن هذه القصة ستكون مختلفة عن جميع القصص التي عشتها وكتبت عنها، فهذه ليس قصتي إنما سأكتب عن شخصية

إمرأة ثابرت ثم نالت، وللعلم هذه القصة واقعية وليست من نسج الخيال، تحدثت مع بطلتها واستمعت إليها وشدني الحديث معها، قررت أن أترجم تلك المحادثة التي أثرت في داخلي إلى عنوان، وأن أكتب عنها وعن عطاءها ونجاحها وأن تكون نموذج من نماذج النساء اللائي صنعن التاريخ ووضعن بصمتهن فيه ..

سأدعكم تبحرون معي في هذه القصة التي جمعت أسطرها في كتيب العام الماضي، وهي عن إمرأة كافحت يكفيني منها أنها مثال للأم المربية والمعلمة الفاضلة التي أثرت على نفسها ووضعت مهنتها على المحك؛ من أجل تلميذة كانت من ضمن طلابها في مرحلة الأساس.

***

وفي يوم من الأيام تواصلت مع المؤسسة والمديرة للمدرسة التي أبهرتني وشدتني بالتحدث عن القصة وراء تشييد هذا الصرح العظيم، وحدثتني كيف كافحت وجاهدت حتى يتم افتتاحها، وما واجهته من صعوبات وتحديات واختلاف آراء من الكثيرين الذين كانوا معارضين لهذا المشروع، رغم ذلك لم تُحبط ولم تستلم، بل قاتلت من أجل أن تَصنع مجدًا وتبني حلُمًا..

أحببت أن أشارككم القصة؛ ليس الغرض منها سوى تسليط الضوء على المدرسة والدور الذي قامت به، وأيضًا أحببت أن أكتب عن (العطاء) ، العطاء الذي قدمته الأستاذة (نجاة) وعن (الحلم) الحلم الذي لم يكن حُلمها، بل أحلام تلاميذ شاءت الأقدار أن تأخذ منهم بعض المميزات وبعض النِعم التي بدورها لم تكن عائق لرغبتهم في التعلم، وكيف يكون هناك عائق ونجاة صنعت لهم عالم مليء بالأمل وفتحت نافذة المستحيل وجعلته مُمكنًا، وأخذت بيدهم نحو طريق النور...

في العام ٢٠٠٧ تم تعيين الأستاذة نجاة معلمة صف، وكان من بين أطفال القرية طفلة صماء عمرها سبعة أعوام، أرسلت الأستاذة نجاة في طلبها وأن يأتي ذويها بها للمدرسة رغبة منها في مساعدتها على الخروج عن العزلة والاندماج في المجتمع، فوافقوا دون تردد أو معارضة وقاموا بالذهاب معها لمنزل الأستاذة نجاة رغبة منهم في مساعدتها على الاختلاط بالناس وتحفيزها للتعلم وإقناعها بالذهاب للمدرسة، والخطوة الأولى التي قامت بها نجاة أن تأخذ إيثار معها كل يوم وهي في طريقها للمدرسة ممسكة بيدها للفصل، داومت إيثار على الحضور ويبدو أنها أحبت التواجد بالمدرسة، لاحظت الأستاذة نجاة أن إيثار كانت تكتب كل الدروس بصورة جميلة ومرتبة لكنها لم تكن متأكدة هل إيثار تفهم ما تكتبه وتستوعبه أم لا!.

وفي يوم من الأيام كانت الأستاذة نجاة تُدرس الطلاب الحروف ثم يقومون بكتابتها على السبورة وبعد أن كتب الجميع، رفعت إيثار رأسها لها، لتخبرها دون أن تنطق لماذا أنا لا أكتب مثلهم يا أستاذة؟

فقامت الأستاذة وبلغة الإشارة بمناداتها ونطقت لها بعض الحروف وهي كانت تؤشر على الحرف الصحيح في السبورة، هنا أيقنت أن إيثار يُمكنها أن تقرأ لغة الشفاه، وكان الطلاب يحفزون إيثار بالتصفيق ويشجعونها حتى أكملت جميع الحروف

لم تكتفي الأستاذة نجاة بذلك؛ ولكن كانت تضع صور تحتها أسماء لتعليم إيثار الأسماء في مادة اللغة العربية مثل (أن تضع صورة مريم وتحتها أسم مريم) وهكذا، ولم تواجه إيثار في مادة الحساب الكثير من العوائق؛ بل كانت تُبدع فيها ودرجاتها ممتازة.

وعندما حان موعد امتحان العام الدراسي قررت نجاة أن تعامل إيثار كبقية الطلاب وإخضاعها للامتحانات، رغم صعوبة شرح الأمر لإيثار والعقبات التي واجهتها نجحت في تدبير أمر الامتحان لها، وتم امتحانها داخل مكتب المعلمين؛ كي يروا أن هذه المعجزة باستطاعتها أن تتجاوب وتجيب وأن تكون شيئًا. لم تخيب الآمال ولا الأحلام فإيثار قامت بالحصول على الدرجة الكاملة في مادة اللغة العربية والحساب .

وبعد ذلك حان موعد النتيجة وكانت إيثار من أوائل المدرسة، الأمر الذي أثار فرحة وسعادة الأسر الذين كانوا حضور في برنامج توزيع النتائج وأشادوا بها ودمعت أعينهم فرحًا بها، وهذا ما قرأته إيثار في شفاههم وفرحت به وزاد في رغبتها للتعلم.

هنا أود أن أقول أن الأستاذة نجاة لم تكن معلمة صف فقط، وإنما طبيبة ومرشدة عالجت المخاوف وأزاحت العوائق ولم يكن النجاح نجاح درجات أكاديمية فقط، إنما نجاح في إعادة بناء شخصية ومنحها الثقة والأمل، لم تكن إيثار هي التي استحقت التصفيق فقط، وإنما معلمتها أيضًا، فبدونها لم تكن لتَصل إلى ما وصلت إليه من بعد الله .

كل هذا وأنا أستمع لبقية القصة منها بكل جوارحي لأعرف المزيد عنها.

لم تكن الأستاذة نجاة مكتفية بهذا القدر من العطاء.

إذ أنها أخبرتني أنها في يوم من الأيام قررت أخذ إيثار إلى مركز قياس السمع بمدينة ود مدني وتشاورت مع أهلها بأنها تود أن تأخذها لعمل القياس لها، إذ يمكن أن يكون باستطاعتها أن تسمع القليل وبوسعهم شراء سماعه لها؛ كي تفيدها في السمع وتساعدها في التعلم، وفي الصباح التالي، شدوا رحالهم باكرًا وعقلوها وتوكلوا على الله، آملين ومتمنين التوفيق. الدور الذي قامت به نجاة في القرية هو دورها التربوي والتعليمي، ولكن بهذه الخطوة بدأ مشوارها الإنساني، وما أحوجنا للإنسانية في هذا الزمان.

كان بصحبتها زوجها الذي كان بدوره داعمًا لها ووالد الفتاة وعند وصولهم قابلوا أحد الأصدقاء هناك، وبعد سماعه منهم الحكاية كاملة طلب منهم زيارة مدرسة اسمها أم كلثوم في مدينة ودمدني، تهتم بتعليم ذوي الاحتياجات الخاصة، تابعت الأستاذة نجاة قائلة عندما دخلنا المدرسة، أن إيثار أخبرتها بلغة الإشارة هل هؤلاء كلهم صُم؟ قالت أجبتها بلغة الأشارة التي لم تكن تعرف عنها الكثير حينها نعم، كلهم صمُ لست وحدك ، فابتسمت إيثار، إذ يبدو أنها شعرت بالراحة والطمأنينة.

ثم بعد ذلك ذهبوا للمركز تم معاينتها من قبل الأطباء ثم قاموا بتحضيرات للبدء في القياس السمعي والاختبارات اللازمة

تم إعطاء إيثار جرعة البنج ولكن حدث خلل مفاجئ كهربائي الأمر الذي جعل إيثار تستفيق.

وبعد عودة التيار الكهربائي أخبرها الأطباء لا يمكن إعطاءها جرعة أخرى ويمكنهم إعادة الفحص غدًا، لم تيأس ولم تعد أدراجها بل اضطرت للمبيت خارج المنزل وخارج القرية، لعمل اللازم والانتهاء مما بدأته وقضت ليلتها في منزل زميلة لها، لم تكن تلك إلا رسالة لها من الله يخبرها أن تصبر وتحتسب، وهذا الصبر آخره خير.

وفي اليوم التالي تم إتمام الفحص بعد ذلك

ذهبت للمبنى الوزاري والتقت بأحد المدراء وعلّق عليها حين شاهدهما معًا أنه كان يعتقد أن إيثار ابنتها وليست طالبة من طلاب صفها، وهذا يدل على أنها كانت مهتمة لأمرها بكل جوارحها متفائلة بها خيرًا تمسك بيدها سعيًا في مساعدتها لتعليمها وتحقيق أحلامها، وفي خضم محادثتها مع هذا المدير عرض عليها إنشاء مدرسة خاصة لهذه الفئة من الطلاب، فكرت قليلاً ثم أخبرته يمكنها فعل ذلك؛ لكن بشرط أن تكون في قريتها فقط دون غيرها، فأجابها بالموافقة، فرحت نجاة كثيرًا بالخبر وسرعان ما اتصلت بزوجها أخبرته وبشرته، فبشرها بأن توافق.

تابعت الاستاذة نجاة قصتها لي وكنت أستمع إليها وكلي آذان صاغية، مضت الأيام ورغبتها في تحقيق حلمها لم تمُت، وذات يوم أتاها اتصال هاتفي من الوزارة يخبرها بأن هناك دورة تدريبية لتعليم لغة الإشارة في محلية الحصاحيصا، لم تتكاسل ولم ترفض السفر؛ بل ذهبت لكي تتعلم لغة الإشارة لمساعدتها في تعليم إيثار، وأخذت معها اثنان من نساء المنطقة للتعلم؛ بغرض الاستفادة منهن بعد بناء المشروع، وبعد أن بدأ العام الدراسي الجديد كانت مرحلة صعبة بالنسبة لها، فهي لم تحصل على التصديق للمدرسة ولم تحصل على الانتداب من التربية العامة للخاصة.

فقامت بتدريس إيثار واثنان من التلاميذ الذين انضموا معها داخل الصف المكون من ستة عشر طالب وطالبة، لكنها اكتشفت أن انتباههم مع الطلاب الجدد يثير فضولهم؛ لذا قررت تدريس الطلاب الصُم في مبنى المكتب لكي تؤدي رسالتها كاملة دون التأثير على إحدى الفئتين، الأمر الذي يمكن أن يقبل أو لا يقبل عند المدرسين.

ماهي إلا أيام وحصلت على التصديق من الوزارة للبدء في المشروع . ووضع حجر الأساس

و لكن مازالت العقبات في طريقها بين مؤيد ورافض، ويبقى السؤال الذي يشغلها أين سيتم بناء فصلها، قالت طرحت الفكرة على إدارة المدرسة واللجان وبعض المختصين ولكن الآراء اختلفت، ولم تصل لنتيجة بناء الفصل داخل المدرسة، فجاهدت أن يتم إعفاؤها من التدريس صباحًا في المدرسة حتى تقوم بتدريس هؤلاء الطلاب في منزلها، لنقف هنا قليلًا، على تلك الخطوة التي قامت بها، نجاة لم تكن سوى الصوت الذي بداخل إيثار، الصوت الذي لم يهدأ لينادي ويقاوم دون أن يُسمع ، ولم تكترث لمن أحبطوا عزمها، لكنها ومن أجل إيثار ناضلت

و تابعت تدريس طلابها في بيتها وعُقد اجتماع ثاني للنظر في الأمر والتشاور ولم يخلو من معارضين ومؤيدين، وكمجتمع تربوي تعليمي علينا أن نحترم آراء الجميع حتى إن اختلفت وجهات النظر فيه وكما قيل: (اختلاف الرأي لا يفسد للود قضية) وبعد معاناة تم منح الأستاذة نجاة قطعة أرض بواسطة اللجنة الشعبية في القرية لبناء مدرستها فيها،

ولم تفقد الأمل استعانت ببعض الأقارب وفاعلي الخير وبدعم بعض المؤسسات، أسست المدرسة، ووضعت حجر إساسها وقامت بتسميتها (إيثار) تَيمنًا بطالبتها وعزيزتها الأولى (إيثار).

نما مشروعها وتحقق حلمها رغم الصعاب ومن ثم زاد عدد طلابها من هنا وهناك، كانت تأتي بهم إلى منزلها في زمن وجبة الإفطار يأكلون مما تأكل وتصنع لهم خبز طعامهم الخاص يوميًا، ثم ترجع معهم للمدرسة.

كما كانت تقوم بشراء مستلزماتهم المدرسية من أقلام وأوراق وألوان ليست مجبرة؛ إنما تفعل ذلك لأنها آمنت بقدراتهم ومواهبهم .

قامت بتدريب المزيد من المدرسين والمدرسات الذين شاركوها وهم متطوعين وعملوا معها لمدة أربعة سنوات من غير حافز مادي ولا مرتب حكومي، حتى تم تعيينهم بعد فترة من قبل الوزارة، واجهت نجاة بعض المشكلات وتعثرت كثيرًا لكن لم تستسلم، تم تدريب هؤلاء المدرسين على التعامل مع وسائل التدريس الحديثة مثل التدريب على استخدام السبورة الذكية، واستخدامات الكمبيوتر.

تابعت نجاة حديثها قائلة بعد ذلك كنت بحاجه لعمل دورة تدريبية عن الإعاقة الذهنية، فاستعنت بصديقة لي من ولاية بورتسودان تُدعى خديجه، التي لم ترفض بدورها الدعوة وجاءت بكل عزم وتم التنسيق لهذا العمل وأثمرت جهودهم فيه، ومُنحوا شهادات من الوزارة بعد إكمالهم له وبهذا أصبحت الأستاذة نجاة والتيم العامل معها مؤهلين لتدريس الطلاب والعمل على إصلاح مشاكلهم وتقويم سلوكهم وتعليمهم من الإساس، قصة كفاح نجاح نجاة لم تنتهي فقد دعمها الكثير وعارضها الأكثر.

استعانت بأحد الفنيين لتعليم الطلاب فن صناعة الأصيص، كما تعلموا الحرف مثل صناعة الشنط، وتزيين المدرسة بالورود والمدارس الأخرى في القرية، لم ينضب بحر نجاة المعطاء؛ بل تعدت أحلامها الخيال، لم تحرم طلابها من أي حقوق حتى أن طلابها شاركوا في جميع الدورات التدريبية والتعليمية المحلية منها والعالمية، وما حصدت في كل مرحلة من هذه المراحل؛ سوى النجاح والتوفيق من عند الله.

فلديها طالب يدعى (مسلم) الذي فاز بالمرتبة الأولى في مسابقة الحساب الذهني من بين الطلاب المشاركين من دول آسيا (وهي المرة الأولى التي يفوز بها طالب معاق في العالم بهذه الجائزة).

اكتمل حديثي معها وأنا منبهرة بكل الذي عانته وعاشته وبعزمها قد تخطته، جاهدت بكل قوة ورفعت راية التعليم عاليةً، وصوتها الذي منحته للصُم تخطى أحلامهم فأصبحوا بها يتكلمون، يسمعون، يحلمون .

فالشكر لكل من ساهم ودعم مشروع إيثار المدرسي ودعم إيثار الإنسانة رغم المعوقات التي تخطيتها أيتها الأم والمعلمة بكل صبر، وبكاء قد نلتِ الرضا ونلتِ الفوز والفضل الذي لا يُنسى ولا يُسكت عنه ...

لم تقف أحلام أستاذة نجاة ولن تقف حتى يكمل هؤلاء الطلاب دراستهم الجامعية، ولن يموت هذا الأمل بداخلها ولن ننسى هذا الصنيع المعطاء بكل سخاء الذي أعطت فيه جهدها وزمنها، وكان خير العطاء في خير النجاح.

أحببت أن أكتب عن نموذج يجب أن يُكتب عنه وبكل فخر في صفحات أصحاب المجد، كتبت عن نجاة الأم، المرأة، المعلمة البسيطة في تفاصليها ذات الرداء الأبيض والقلب الأبيض، كتبت عن قصتها لنعتبر ونتعظ بأن السعادة في بناء الأحلام ليس بالضرورة أن تكون شخصية وذاتية، إنما قد تكون السعادة في تحقيق أحلام الآخرين وهذا ما أحببت أن أوضح لكم أنها منحت الصوت والسمع لمن حرموا منه، فكان الصوت صوت مدرسة إيثار الذي يرن بداخل قلب كل طالب وطالبة فيها.

وأخيرًا أقول لكم تمسكوا بأحلامكم ولا تترددوا في الخطوة الأولى نحوها فبإذن الله سيكون ما ظننتم أنه لن يكون .

القصة الثانية:

الأستاذ الدكتور/ مبارك محمد علي مجذوب

"من خلوة تحفيظ القرآن في قرية إلى وزير التعليم العالي والبحث العلمي"

اسمحوا لي أن أقول عنه (المحارب الشجاع) هو رمز من رموز القوة والشجاعة في معركة الحياة ومنذ أن وقع كتاب (سيرة ومسيرة) السيرة الذاتية للدكتور المكتوبة بقلمه القدير، وأنا أشعر بالفخر أولًا أنه سوداني، وشعرت بالفخر للمرة الثانية أنه من مواليد ولاية الجزيرة، هذه الولاية التي انجبت العديد من الشموس التي أنارت أرض السودان.

إذن من هو هذا المناضل الذي عندما أردت أن أتعرف عليه فتحت الصفحة الأولى لكتابة فوجدت أنه ليس فيها، ولكن كان يقدم الشكر والتقدير في عشرة صفحات لمن ساعدوه وأعانوه في مسيرته المهنية التي كان الغرض منها خدمة أفراد المجتمع. ثم في الصفحة الحادية عشر وجدت بداية حديثه عن ميلاده، وسأحاول جاهدة اختصار التفاصيل الدقيقة، والاكتفاء بالأساسيات؛ فالكلمات عنه لا توفيه الحق وربما يومًا ما يحالفني الحظ أن أكتب كتابًا خاص عن حياته وإنجازاته وقتها لن أحرمكم لذة القراءة عنه.

وُلد الدكتور/ مبارك بقرية فداسي الحليماب عام ١٩٤٤م وحفظ القرآن وعمره ثلاثة عشر عامًا في الخلوة وكان يذهب إليها من بعد صلاة الفجر إلى ما بعد طلوع الشمس، وأضاف في كتابه أنه تعلم دروس أخرى غير علوم القرآن، منها التربية، الاجتهاد والمثابرة، والاعتماد على النفس. ودخوله للمدرسة في سن السابعة لم يمنعه مواصلة حفظ القرآن وكانوا كطلاب بجانب النشاط الأكاديمي يمارسون الأنشطة الرياضية مثل كرة القدم والسلة، والزراعي المتمثل في أشجار الليمون داخل حديقة المدرسة.

درس المتوسطة في ود مدني الأهلية وكان يسكن في سكن داخلي وهذه المرة الأولى التي يبتعد فيها عن منزله، ثم بعد ذلك انتقل للمرحلة الثانوية في نفس المدينة التي وانتهت فترة الدراسة الثانوية بامتحانه للدخول للجامعة، وتم قبوله في كلية الطب جامعة الخرطوم في عام ١٩٦٥م، كان ترتيبه في الدخول لكلية الطب الثالث عشر.

وفي العام ١٩٦٧ حيث بدأت قصته يقول كان وزير المالية في ذلك الزمن، الشريف حسين الهندي، الذي جاء بما يسمى تشغيل العطالة في الإجازة ومن حسن حظه، حصل على وظيفة في بنك السودان بمرتب ثمانية عشر جنيهًا، وقام بتوفير المال رغبة منه وشوقًا للذهاب في عمرة ورؤية الحرم المكي، وبالفعل سافر ووقتها كان الجنية السوداني يساوي عشرة ريال سعودي، وبعد الانتهاء من العمرة، رجع إلى السودان لإكمال الدارسة الجامعية، السنة الثالثة وهي السنة التي يجلسون فيها لامتحان الشهادة الوسطى في العلوم الأساسية، وهي من أصعب سنوات الطب، وبعد ظهور نتيجة الامتحان لم ينجح بسبب ظروف مرض داهمته، الشيء الذي أجبره لإعادة السنة الدراسية، لكن هذه المحنة لم تضعف من عزيمته، وأيقن أن البلاء رأفة ورحمة والصبر يعقبه النصر، عاد من جديد بكل قوة ونشاط وكان طموحه عالي، وبدأ في المذاكرة وكان أحد أحلامه أن يصبح أستاذًا بكلية الطب، كان مرتبطًا بجده يتبادلان أطراف الحديث وكان (المبارك) _كما تدعوه تلك المرأة الضريرة التي تجلس بين طريق الكلية والداخلية والتي كان يساعدها وتدعو له الله بأن يوفقه_ يذهب معه للمسجد ويشجعه على الصبر والمثابرة وبعد عودته للكلية خضع للامتحان وبحمد الله نجح فيه وتخرج من الكلية عام ١٩٧٢م.

قضى فترة الامتياز لمدة عام في مستشفى الخرطوم ماعدا الثلاثة أشهر الأخيرة كانت بمستشفى سنجة (حاضرة ولاية سنار السودانية) وبعدها واصل العمل فيها كطبيب عمومي لمدة عام. وكان في تلك الفترة يسعى أن يعمل نائب في علم الأمراض في المعمل الصحي القومي. وبعد خضوعه للامتحان كان من ترتيبه الأول بين الأطباء.

بدأ العمل بالمعمل الصحي القومي عام ١٩٧٥م وفي نفس العام أبتعث إلى المملكة المتحدة لنيل دبلوم الأمراض، وهي ذات السنة التي تزوج فيها.

سافر إلى لندن وبعدها لحقت به زوجته التي يقول عنها أنها كانت خير عون له، وبعد انتهاء فترة البعثة، اختار أن يبقى؛ لكي يكمل الجزء الثاني من الزمالة وعمل بأجر نائب في عدد من المستشفيات في لندن. التحق بمعهد طب المناطق الحارة جامعة ليفربول ونال فيها دبلوم طب المناطق الحارة عام ١٩٨٠م

وبعد خمسة سنوات من العمل والجهد اكمل المبارك ونجح في الجزء الثاني من الزمالة وقدم بعدها لوظيفة استشاري بمستشفى بلندن وتم قبوله.

سبحان من مهد الطريق ويسر الأمر لهذا الرجل؛ فلا تيأسوا من المحاولة ولا تصابوا بعدوى الكسل.

عاد المبارك للسودان حاصدًا نجاحاته وانتصاراته ورحب به الوطن ووجد مقعده الذي استحقه؛ بل وأكثر من ذلك، كان يعمل في المعمل الطبي وكان مسؤولاً عن قسم الكيمياء الإكلينيكية، وكان يفكر ويخطط لإدخال بعض الفحوصات التي لم تكن موجودة فيها كقياس الهرمونات والطريقة التي كانت متاحة وقتها لقياس الهرمونات تستخدم الإشعاع الذري الذي لا يتوفر في السودان، وبعد تفكير اتصل بالكلية الملكية لعلم الأمراض بلندن وأرشده على الاتصال بالهيئة العالمية للطاقة الذرية، الذين قاموا بدورهم بإرسال خبير بولندي ليتابع معهم الفكرة وسير العمل. وبالفعل تم العمل في قياس الهرمونات وكانت المادة المشعة تأتيهم من لندن، وقفة احترام وتقدير لهذا النجاح أو دعوني أقول بداية النجاح فالقادم أعظم.

بعد مدة من الزمن حصل على منحة لحضور دورة تدريبة في الإشعاع الذري بموسكو، ويقول بعد عودتي بدأت فوراً في الكتابة عن مشروع.

(معهد الطب النووي وعلاج الأورام) وقدم المشروع للهيئة، وقام بمساعدته بعض من الأطباء بالخرطوم، وبدأ في بناء المعهد، وكان أول دعم حصل عليه للمشروع من بنك الادخار ثم وزارة المالية، وبعد أن وصلتهم الكاميرا المطلوبة ومعها خبير للتركيب والتشغيل. وأنا اقرأ هذا الكتاب وبعد رؤيتي لصورة في الكتاب لهذا الجهاز، سَرّت في قلبي فرحة عارمة شعرت وكأنه انتصاري تخيلوا معي المريض الأول الذي حُقن بالإشعاع الذري، وتخيلوا كم مريض سيشفى بسبب هذه الأجهزة التي ساعدت على استكشاف وعلاج المرضى؟ وفرحة المرضى والأطباء ولحظة ميلاد وبشريات افتتاح معهد الطب النووي عام ١٩٩٤م. توسعت علاقات المبارك والمعهد مع الهيئة العالمية للطاقة الذرية وزار عدد من الدول الأجنبية، وكان يبحث عن شراء ماكينة لعلاج الأورام.

وبعد حصولهم على آلة الغاما تم عبرها تشخيص عدد من الأورام للمرضى وقياس الهرمونات .

بدأ المبارك والتيم العامل معه تدريب العاملين والفنين لوضع خطة العلاج اللازمة بعد أن تم تشخيص بعض المرضى، وبالفعل تم وضع حجر الإساس لمستشفى الذرة وكان لابد من بناءها بمواصفات معينة حفاظًا على سلامة المريض والطبيب من الإشعاع. وبعد المجهودات والمساعدات تم بفضل الله بناء المستشفى وأول ماكينة علاج وصلتهم من فرنسا، وجزيل الشكر لكن من ساهم في البناء ماديًا أو معنويًا، دعوني أيضًا أذكر أسماء عمداء المعهد بالترتيب منذ مرحلة الإنشاء عام ١٩٩٣م وحتى الآن.

أ.د مبارك محمد علي مجذوب

أ.د نصر الدين محمد عبد الله

أ.د الجيلاني عبد الله الطيب

أ.د دفع الله عمر أبو إدريس

أ.د أحمد محمد الحاج موسى

أ.د معاوية محمد علي الحسن

سافر المبارك إلى المملكة المتحدة بغرض البحث العلمي وحصل على مشروع بعنوان النوع الأول من مرض السكري، الذي الزمه العودة إلى السودان؛ لإحضار عينات الدم من المرضى والأصحاء للبحث والمقارنة، وبعد اكتمال مشروعه تم تسجيل بحثه بكلية الطب جامعة الخرطوم للدكتوراه في علم الأمراض وحاز على درجة الدكتوراه عام ١٩٩١م. شارك في المؤتمر العالمي الذي يشترك فيه الاختصاصيين في علم الوراثة والأنسجة، كان المؤتمر في اليابان وبذلك يصبح عدد ما نشره ١٤ورقة في خلال عامين وهذا من فضل ربه عليه، ولكل مجتهد نصيب، ولكل ساعي ما سعى لأجله، وإن نجح الفرد نجح المجتمع.

السيرة الذاتية للمبارك ممتدة، ولا أريد الإطالة عليكم لكن كان عطاؤه مستمرًا ومازال يناضل ويكدح. وفي العام ١٩٩٤ كُلف بإدارة جامعة الجزيرة وبعد ستة سنوات أصبح وزيرًا للتعليم العالي والبحث العلمي، ويقول رغم البعد الجغرافي إلا أن قلبه ما زال معلقًا بالمعهد والمستشفى الذي يعتبره جزء من حياته. ساهم بالتعاون مع أسرة الوزارة في استكمال البنية التحتية والبشرية للجامعات بكل ولايات السودان، وقاموا بإنشاء إدارة للتعليم التقني وتم تشييد عشرين كلية تقنية موزعة في ولايات السودان.

ولا يوجد في اللغة كلمات تستطيع أن تُثني على جميل الصنع، وعظيم العطاء؛ لذلك أفردت مساحة للتعريف عن هذا العلم البارز من أعلام الوطن، وهنيئًا لك الدعوات التي تشملك بقلب كل مريض تعافى بفضل الله، ثم فضلكم .

سأختتم القصة بثناء بعض الأطباء عليه وهذه بعض أسطر قرأتها منهم

يقول عنه الدكتور محمد السنوسني في مقدمة الكتاب سيرة ومسيرة:(أجد نفسي معتزًا بطلب أستاذي البروفيسور مبارك محمد علي المجذوب أن أسطر تقدمة لهذا السفر عن معهد الطب النووي، والأحياء الجزيئية الذي هو سيرة ومسيرة وتوثيق وعبر ودروس وإشارات مختصرة لمعان واسعة ومفاتيح لفضاء لا حدود له من التفكر؛ لقصة نجاح محفزة تصلح أن تكون أصلاً لانطلاق مشاريع مستقبلية فيها النفع للناس، نفع الله الكاتب بأجره وأجر من أقتدى بابتكاره، الذي ينبع من إحساس صادق ومسؤولية عالم بحاجة مجتمعة).

ويقول عنه الدكتور حسن أبو عائشة حامد: (لقد بمراجعة هذا السفر القيم وعشت معه لحظات ماتعة، وأوصي القارئ الكريم أن يعكف على قراءته، ففيه عظات وعبر وتشخيص لهمّة عالية ومثال جميل للتعاون المخلص بين أشخاص عديدين في مناصب مختلفة من الدولة).

(هذه السيرة والمسيرة لفتت انتباهي وما أحوجنا اليوم لشيء يدفع عجلة الحياة بداخلنا ومثل قصص النجاح هذه هي الوقود لمحركنا)

القصة الثالثة

غُفران أخير

تختلف وتتنوع العلاقات بين الناس، فنجد القرابة، الصحبة، النسب، وغيرها، وتشمل العلاقات الأسرية أفرع كثيرة منها علاقة الأم مع ابنتها، ففي مرحلة الطفولة تعيش الأم دور الطفلة معها، وفي مرحلة المراهقة تعيش دور الصديقة المقربة من ابنتها، تكون حريصة عليها أشد الحرص في نُصحها وإرشادها ومن هنا نجد أن الابنة تتعلم؛ لكي تُعلم أبنائها في المستقبل.

قصتي اليوم عن فتاة لم تحصل على كل ذلك الاهتمام والتُعلم ولكنها رغم أنف الأقدار، رغم أنف الأحزان، قفزت من بئر الخوف والهزيمة، امتطت صهوة أحلامها، وانتصرت على الخيبات والألم.

الأب هو الرجل الأول في حياة كل فتاة، هو البحر الذي لا ينضب من الحنان والدلال، كثير من الفتيات فقدن هذا الشعور منذ الصغر، بسبب موت الأب، أو الطلاق الذي يحدث بين الأزواج، تنتهي المودة بين الزوجين وتؤثر سلبًا على نفسية الأبناء، قليلون هم من نجوا من خطر الرحيل.

وسأكتب قصة بطلتها تُدعي : حسناء

***

الساعة السابعة والنصف صباحًا، تدخل السيدة سعاد غرفة ابنتها حسناء، لتساعدها في ارتداء حذائها وتسريح شعرها، أنه موعد الترحيل المدرسي.

حسناء طفلة صغيرة توفى والدها وعمرها لا يتجاوز العامين، لا تعلم عنه شيئًا غير صور معلقة على جدار الحائط، وملابس في خزانه، وبضع أحاديث سمعتها من والدتها بين الحين والآخر. تباغت حسناء أمها سعاد بسؤالها المعتاد، بينما هي مشغولة بتجهيزها للذهاب.

_ أمي؟

_نعم ياعزيزتي

_أين أبي؟

_ حسناء أيتها الملاك أخبرتك كثيرًا أن أباك ذهب للجنة

_ لكن متى سيعود يا أمي؟

_تصمت أمها قليلًا: كلا لن يعود ولكن هو يراقبنا من على بعد.

_ أمي أريد أن أذهب للجنة وأرى أبي خذيني إليه

_ عزيزتي يكفي الآن هذا الحديث يا حسناء

_ ولكن يا أمي هل...

_لقد قلت يكفي يا ابنتي هيا سأوصلك للباص.

تدخل السيدة سعاد غرفتها وتجهش في بكاء حاد، تحتضن صور زوجها الراحل ودموعها تبلل وسادتها.

في مشهد آخر...

عندما يتوقف الباص بالقرب من منزل صديقتها حنان، يأتي أبيها بها ممسكًا بيدها يقبلها ويودعها وهو يبتسم، تراقب حسناء المشهد وتشعر بالحزن تود أن يكون لها أب، تود لو أنه لعبة يمكن شراؤها من المتجر، صغيرة هي لا تعرف معنى الموت بعد، يخبروها أن أباها ذهب للجنة وهي لا تعلم ما معنى الجنة.

تكمل رحلتها إلى المدرسة تعود عند الظهيرة لتجد أمها تتحدث عبر الهاتف مع أحدهم، تغلق الاتصال وتهرع مسرعة نحو حسناء، لكن يبدو على حسناء الحزن والاستياء، تسألها أمها مابك؟ تجيبها بنفس الإجابة أريد أبي.

تحتضنها وتقبل رأسها: حسنًا سأجلب لك أب، ستحبينه، سيشتري لك الحلوى والألعاب أيضًا، تبتسم حسناء لكلام أمها يبدو أنها قد حظيت بأمل جديد، شعاع قادم وهي لا تدري هل ينير لها الدرب أم يزيد عتمة طريقها!.

أقبل المساء، ذهبت السيدة سعاد لمنزل أهلها لتخبرهم أنها على وشك الزواج من رجل تقدم لخطبتها، وافقها البعض وأعترضها البعض، ولكنها منحتهم فرصة؛ لكي يفكروا ويأخذوا قرارهم.

لنقف قليلاً مع السيدة سعاد، هي امرأة جميلة، مكتنزة بالشباب، ثلاثينية العمر، لم تصل مرحلة اليأس بعد، لديها مزيد من الوقت يجب عليها أن تحاول من جديد، يجب عليها أن تعيش شبابها، الأقدار ليست نهاية الأحلام، دومًا هناك طريق وعر يجب علينا أن نمضي فيه، حتى وإن كلفنا الأمر النسيان، الرحيل، أو حتى أشخاص.

كان لا بد لها أن تتزوج ليس من أجل ابنتها فقط، بل من أجل أن تمنح روحها الحياة، أن تعيش بقية شبابها في سلام من جديد، عليها أن ترتدي ثوب الحياة وتنزع عنها ثوب الحداد.

تم الزواج بعد صراع دام طويلاً، وجدت السيدة سعاد نصفها الآخر من جديد، ووجدت حسناء شخص غريب، لا تعرف عنه شيئًا البتة، كان في بادئ الأمر يحسن معاملتها ويعتبرها كابنة له، سرعان ما تغير هذا التعامل وهذا السلوك، نما له جناحا نسر، وأخذ يحلق فوق سماء حسناء، يكتحل برؤيتها حين تمشي وتلهو في أرجاء المنزل، يتصنع أن يحبها ويخاف عليها، ولكنه بداخل قلبه يسكن الوحش الذي ينتظر أن تنام أعين فريسته، كالأسد الرابض يقتنص من على البعد، تكرر الأمر مرارًا وتكرارًا، كلما ازدادت معاناة حسناء ووعيدها أن تخبر أمها، ازداد في ضربها، وساءت معاملته لها.

كانت تدخل غرفتها باكية، الأب الذي كانت تحلم به كل ليلة لم يكن سوى كابوس لا تستطيع الاستيقاظ منه، لعنت حظها وكلها تساؤل وإحباط ما الذي يحدث؟

ومن هذا الرجل الذي ظنت أنه سيكون مصدر حنانها؛ بيد أنه عكر صفو حياتها وخيط قميص القلق على جنبات عتبة بابها.

طفلة لا تعرف للطفولة شيء بعد، أرضعتها الأيام من ثدي الحزن قبل أن تتخلص من طعم حليب أمها، طفلة وطأت على جمر الحيرة واليأس، تقلبت على وسائد الانتظار، وتوشحت ثوب الألم قبل أن تحبو، طفلة حين تعلمت الركض بتر هذا الوحش عنها أرجل الحنان والأمان.

تبدأ المعاناة الحقيقة حينما قررت أمها أن تُبقي حسناء مع جدتها، لم تكن حسناء قد شفيت بعد من فقد أبيها، الآن فقدت أمها، القلب الذي كان مقسومًا لنصفين أصبح اليوم مهشمًا، معصوراً تحت إطارات عجلة الزمن.

اسودت أيامها، وعالمها الصغير الذي كان يجب أن تلونه بألوان الرسم مع زميلاتها في المدرسة في حصة الفنون، اليوم تلون بألف لون، مزيج من الفقد، مزيد من الضياع، أشياء باهته، ذكريات بائسة، اضطرابات تزور خيالها الصغير، يكبر عمرها وتكبر معاناتها معه.

احتضنتها خالتها وقدمت لها الكثير، كانت لها الأم البديلة، لكن لا شيء مثل الأم، الحقيقة لا شيء مثلها.

كانت أمها تزورها بين الحين والآخر تجالسها قليلاً، تجلب لها ما تحب، الأم بداخلها شيء من الندم، والابنة بداخلها أشياء من الأسئلة التي لم تكن تدري كيف تخبر بها أمها، تمضي الأيام والسنين وحسناء بين مدّ وجذر تلهو مع آلامها، تراقص الحياة وتتمايل مع معزوفة الوحدة، تسكن جراحها بضحكات صديقاتها، والحب الذي وجدته في كنف خالتها وجدتها هو سبب من أسباب عزمها على إكمال المسير، اتمت دراستها الثانوية وتفوقت بامتياز، تم قبولها في جامعة مرموقة، لتزداد فجوة الفراغ بداخلها، قلبها خواء تنزف من فوهته شلالات من الحزن وأمواج من الضياع، تماسكت رغم غضب السنين، رغم ثورة البراكين، رغم شدة العواصف، كانت عندما تشتاق لأمها تتصل بها وتلتقي بها في مكان عام، لقاء كلقاء العشاق الذين يخافون من الوداع والرحيل، لقاء تغذي به حسناء رصيد دواخلها التي أوشكت من الفناء، لقاء تَبني منه سقف قوتها المتهرئ.

كانت صامدة، شامخة، صنديدة، خيطت شفاهها بالصمت والرضا، الزلزال الذي يهز أرضها، لم تكترث لأمره، وعلى نار هادئة حفت جوانب طريقها ركضت من كل هذا الضجيج

تاركة خلفها جيشها وسلاحها ومضت دون عتاد، فانتصرت.

من يتأمل عينيها يرى ملفات سوداء من الحكايات، تمت أرشفتها خلف أسوار نظارتها ووضعت مفتاحها داخل ثنايا قلبها، غلفتها بإحكام، وخيطت عليها عناكب الصمت خيوط الكتمان.

تمضي الأيام، وحسناء تتقلب على أحضان الأقارب، عماتها وخالاتها، تحاول جاهدة أن تشتم عطرًا يشابه عطر أمها، تتوسد ظلال وأطياف لا وجود لها، فالعناق الذي تحظى به لا يدوم طويلاً، ويكون عادة بدافع الشفقة والرأفة فالابنة تشعر بالحرمان والفقد.

تنزوي في مسرحها الخاص، تجيد التمثيل، تمثيل الفرح، تجيد الرقص، رقص الحزن، بطلة المونتاج، الإخراج والعرض كله هي فهي القصة والمخرج، تنحني لجمهور الحياة فيصفق لها المسرح.

عبقرية هي في جميع الأشياء، حتى تلك الأشياء التي تخبئها خلف ستار عزلتها ولم تنفض عنها غبار النسيان، ذات عيون عنيدة لا تظهر حبيبات الدموع لأحد، ترتدي أقمصة الفرح على مقاس ضحكتها، وإن بحثت في رف خزانتها وجدت صناديق ممتلئة بقمصان الأوجاع والألم.

قررت أن تبحث عن وظيفة تخرجها من هذه المتاهة التي لا مخرج لها، وبعد جهد متواصل وسعي دؤوب أخيرًا اكملت دراستها الجامعية وسرعان ما بحثت عن عمل وبعون الله وتوفيقه لها وجدت حسناء وظيفة في مستشفى عام، وجدت حلاً للهروب من التفكير وهي داخل جدرانها، حلاً للهروب حتى من ضجيج المنزل الذي تقتطه، عَملت ممرضة خصصت وقتها؛ لكي تساعد المرضى على تناسي آلامهم، تداعب أنوف همومهم وتغرس ابتسامتها في أوردتهم، يبتسمون لها وهم في وهج نيرانهم المتقدة، يغردون معها وهم على جناحها الملائكي ويحلمون بإطفاء ذاك الحريق، تمضي بهم بعيدًا لتوقف ذاك النقر الذي يوقظ نومهم الدافئ هي الدواء، رغم مرارة أيامها، لكنها تمنحهم بفضل خبرتها وذكائها وحسن خُلقها الشعور بالراحة، تخنقهم الحياة فيتقلدون أحاديثها عقد من خير آت، فتزاح من أعناقهم خنقة الحياة، الجميع يحبها هناك.

وبعد سنوات...

تعرضت أمها لوعكة صحية، الأمر كان بسيطًا، لكن سرعان ما بدأت صحتها بالتدهور والتعب، بعد الكثير من الفحوصات والإجراءات الطبية تبين أن لديها ورم ويجب إجراء عملية مستعجلة، لم تتكاسل حسناء هبت مسرعة للاهتمام بصحة والدتها، وفي عقلها شيء يخبرها أنها لن تستفق مجددًا، فهي خبيرة في المجال الطبي، ولكنها كان تستنكر حقيقة أن الموت يقترب، تظل الأفكار تتضارب أشرعتها في دهاليز عقلها، بين الشك واليقين تتوسد الخط الفاصل بينهما، لا تدري ماذا تفعل لتنقذ حياة أمها.

تتوالى الساعات والسيدة سعاد تهمهم بكلمات وابنتها ممسكة بيدها، أخبرتها كم هي فخورة بها، كم هي سعيدة لأنها الآن بجانبها، تجهش بالبكاء الصامت، وتطلب السماح والعفو من حسناء على التقصير والتفريط والبعد عنها، ترتجف أطراف حسناء تحتضن أمها وتهمس لها في أذنها :

أمي لن يصيبك شيء، سيمضي سيزول كل هذا، لن أتركك يا أمي وأنت أيضًا لا تتركيني، من الذي سيضع الحناء على يدي؟ من الذي سيساعدني في ارتداء فستاني الأبيض؟ وأحفادك يا أمي من الذي يحملهم حين أتعب؟ كلا يا أمي لن يصيبك مكروه أنها هنا بجانبك.

في اليوم التالي تزداد حدة آلام الأم، الطبيب يخبرهم عليهم إيجاد حل لوقف النزيف، يأخذها الممرضون إلى غرفة العناية المكثفة، قبل ذلك تلوح يد الأم تطلب أن تقترب منها حسناء، ترتمي حسناء في أحضان أمها، أنفاس دافئة تخرج من جسد بارد، نصف روح تعانق الحياة في لحظات وداع، الروح متعبة بالتقصير وتأنيب الضمير، تقترب حسناء من أذن والدتها :

أمي أسامحك.

أمي غفرت لك..

مع السلامة يا حبيبة قلبي...

تنهمر دمعة من عين الأم هي ليست دموع فراق إنما دموع فرح بالخلاص، بالغفران الأخير الذي تأخر طلبه .

يحملها الأطباء خلف أبواب النهاية.

هنا تجلس حسناء متكأة على حائط، بروح مثقوبة، وقلب مفطور، الندبة التي يتركها الفراق لا شيء يجعلها تلتئم، تُعيد شريط ذكرياتها، الآن وجدت إجابتها الخاصة ؟ الآن عرفت أين ذهب أبيها، هو نفس المكان الذي ذهبت إليه أمها.

أحببت أن أخلد تلك العظيمة في بضعة أسطر، وأنا أعلم لن أستطع أن أوفيها الحق، أحببت أن أخبرها كم أنا فخورة بها، هي مقاتلة، قوية، هي الجيش، والسلاح، هي الانتصار، أميرة تربعت على عرش الأمل، لم تستسلم لم تنزوي لتدع عقارب الزمن تلدغ أطراف أحلامها، تعلمت معنى أن يتألم شخص، وهبت نفسها لتخفيف آلام الآخرين، نعم هي لن تنسى الماضي ربما يلوح لها كإشارات ويختفي نجمه؛ لكنها لن تدع لجحافله أن تغزو مملكة عزمها، تستمر في القتال حتى الرمق الأخير، ولدت لأجل أن تحارب أعداء السلام، مَنحت الغفران ووجدت الرضا. حسناء لم تجلس مقيدة بالرغم الذي عاشته وتعرضت له ولم تنتظر أحد ليساعدها على النهوض، بل قفزت وحاربت وجاهدت من أجل أن تصنع حكايتها المخلدة المسطرة على جدار التاريخ، حسناء أيقونة للشجاعة والقوة، (الفوز الحقيقي هو أن تتغلب على هزائمك السابقة بنصر مجيد).

القصة الرابعة

أين نجد السعادة؟

في قريتي الحبيبة يعيش الجد (فضل الله) لا أعلم كم عمره ولكن الجميع يناديه الجد، رجل كريم ونبيل الأخلاق، حكيم وشجاع، يعيش في بيته مع بناته وأحفاده وله أسرة ممتدة، وطوال حياتي لم اسمع سوى الخير عنه، الجميع يذكره بالخير والثناء عليه، حسن السيرة، طيب المعشر والكلام، رغم كبر سنه وضعف بنيته يناضل ويكافح من أجل لقمة العيش التي تغنيه عن سؤال الناس، يمتلك أرض زراعية ومع موسم المطر يبدأ بنظافة وحرث أرضه، ويضع بذور النبات مع بداية المطر بكل عزم وحب وفي كل عام تثمر أرضه بما تجود به ويحمد الله شاكراً وراضياً.

عندما تحين مواعيد الصلاة كان يذهب للمسجد ويسعدنا (مؤذنًا) بصوته العطر الفريد الذي تفوح منه رائحة الشباب، فالعمر لا يقيد روح الشباب حتى وأن شاب الرأس وتهاوى الجسد، وكنت أخبر أمي دومًا حين يؤذن أنه يجد غذاء عقله من هذا الأذان بالتكبير والشهادة.

هو شيخ كهل قوي لا يوقفه هجير الحر ولا برد الشتاء، ولا دوي الرعد في الليالي الماطرة، وفي يوم من الأيام وقبل أذان الفجر اشتدت العاصفة والمطر استيقظت لأغلق نافذتي بسبب تسرب الماء ولم استطع النوم بعدها وبعد قليل، وبعد أن هدأت العاصفة وتوقف المطر، سمعت صوته مؤذنًا، فتعجبت كيف لرجل مثله، أن يحارب العاصفة ويواجه المطر رغم ضعف النظر وقلة الحركة ورغم وعورة الطريق والطمي الذي يجعل الوصول للمسجد بالنسبة لعمره أصعب وأخطر، يذهب إلى المسجد ثم يعود مشمولًا بأمان الله ورعايته وعين الله تحرسه من كل أذى وشر.

هذا الجد وجد السعادة في النداء ساعيًا قائلاً (حي على الفلاح) حفظه الله من كل سوء، أين نجد نحن السعادة وكيف نقاتل من أجل الحصول عليها؟

ومما لا شك فيه إذا غاب عن رفع الأذان يومًا الجميع سيدور بداخله السؤال(أين الجد فضل الله اليوم؟) الجميع يحبه الجميع يفتقده، من يفتقدك أنت إذا غبت يومًا؟

والسؤال الذي يدور بداخلي أين نحن من شبابنا وعزمنا؟ نؤجل فعل الأشياء بأسباب ومبررات لا معنى لها بسيطة وواهنة ولا جدوى منها، نهرم بالكسل ونحن شبابًا، نؤجل عمل اليوم إلى أجل غير معلوم ونغطي أنفسنا برداء اليأس والفشل!.

(الشباب يسكن الروح لا الجسد).

الفهرس